页岩气开发风险及风险治理

——两次专题研讨会总结

Risks and Risk Governance in Shale Gas Development: Summary of Two Workshops

报告起草人：Paul C. Stern

美国国家科学院国家研究理事会

郑军卫　赵纪东　王立伟　等　译

科学出版社

北　京

图字：01-2015-2343

内 容 简 介

本报告是由美国国家科学院国家研究理事会的下属委员会组织的两次研讨会的总结，与会者评议并评估了页岩气资源开发所带来的风险水平和类型，以及现有的治理程序和机构是否有足够的能力来应对这些风险。

报告关注研讨会上提出的未来风险问题及所确定的风险管理的挑战和机遇，这些问题可在未来关于技术开发和实施的国家讨论中加以考虑。

图书在版编目（CIP）数据

页岩气开发风险及风险治理：两次专题研讨会总结/美国国家科学院国家研究理事会编；郑军卫等译.—北京：科学出版社，2018

书名原文：Risks and Risk Governance in Shale Gas Development: Summary of Two Workshops

ISBN 978-7-03-058999-6

Ⅰ. ①页… Ⅱ. ①美… ②郑… Ⅲ. ①油页岩资源－资源开发－风险治理－研究 Ⅳ. ①F407.22

中国版本图书馆CIP数据核字（2018）第227539号

责任编辑：吴凡洁 冯晓利 / 责任校对：彭 涛
责任印制：张 伟 / 封面设计：谜底书装

科 学 出 版 社 出版
北京东黄城根北街 16 号
邮政编码：100717
http://www.sciencep.com

北京凌奇印刷有限责任公司 印刷
科学出版社发行 各地新华书店经销

*

2018 年 10 月第 一 版 开本：720 × 1000 1/16
2019 年 1 月第二次印刷 印张：9 1/4
字数：142 000

定价：88.00 元

（如有印装质量问题，我社负责调换）

美国国家科学院

——科学、工程和医学领域的国家咨询机构

美国国家科学院是一个由致力于促进科学和技术进步，并应用于公共福利的优秀学者组成的民间的、非营利性的自治组织。自 1863 年由美国国会批准成立以来，其使命就是为美国联邦政府提供科学和技术事务的咨询。Cicerone博士是美国国家科学院现任院长。

美国国家工程院成立于 1964 年，根据美国国家科学院章程，它是作为杰出工程师的并行组织。美国国家工程院在行政管理与成员选举上具有自主权，与美国国家科学院共同承担为联邦政府提供咨询的责任。美国国家工程院还主管工程计划，旨在满足国家需求，鼓励教育和研究，并表彰工程师的突出成就。Mote 博士是美国国家工程院现任院长。

美国医学研究院是由美国国家科学院于 1970 年组织成立的，以确保行业内杰出专家能够审查与公众健康有关的政策。依据美国国会赋予美国国家科学院的职责，美国医学研究院要为美国联邦政府提供咨询服务，旨在识别医疗保健、研究和教育方面的重要问题。Dzau 博士是医学研究院现任院长。

美国国家研究理事会由美国国家科学院于 1916 年组织成立，以便广泛联系科学和技术团体，服务于科学院目标——增进知识及为美国联邦政府提供咨询。按照美国国家科学院的既定方针，美国国家研究理事会作为美国国家科学院和美国国家工程院的主要执行机构，为政府、公众和科学技术团体服务。美国国家研究理事会由美国国家科学院和美国医学研究院共同管理，Cicerone博士和 Mote 博士分别是美国国家研究理事会现任主席和副主席。

页岩气开发风险管理和治理问题指导委员会：两次研讨会

Mitchell J. Small（主席）	卡内基梅隆大学土木和环境工程系、工程与公共政策系
Susan Christopherson	康奈尔大学土木和环境工程系、工程与公共政策系
Abbas Firoozabadi	油藏工程研究所，加利福尼亚州帕洛阿尔托市
Bernard D. Goldstein	匹兹堡大学环境与职业卫生系
Robert B. Jackson	杜克大学尼古拉斯环境学院
D. Warner North	诺斯威尔公司总裁办公室，加利福尼亚州贝尔蒙市
Aseem Prakash	华盛顿大学政治学系
Barry Rabe	密歇根大学安娜堡分校公共政策学院地方、州和城市政策中心
Susan F. Tierney	安诺析思国际咨询公司管理人，马萨诸塞州波士顿市
Barbara Zielinska	沙漠研究所有机分析实验室，内华达州雷诺市

工 作 人 员

Paul C. Stern	项目主任兼报告起草人
Meredith A. Lane	环境变化与社会理事会主任
Thomas Webler	顾问
Mary Ann Kasper	高级项目助理

对评审人致谢

按照美国国家研究理事会报告评议委员会核准的程序，研讨会总结草稿经过了持不同观点和具有不同技术专长的独立审稿人的审查。进行该项独立审查的目的是获得坦诚的批评意见，这将有助于美国国家研究理事会出版的报告尽可能完善，并确保该报告符合客观、公正的理事会规范，以及反映出研究费用的情况。为了保护协商过程的完整性，对审稿意见和报告草稿依旧保密。我们希望对以下参与报告评议的个人进行感谢。

David H. Auston	加州大学圣塔芭芭拉分校能源效率研究所
Alan J. Krupnick	未来资源研究所能源经济与政策中心
Andrew G. Place	宾夕法尼亚州匹兹堡EQT公司能源与环境政策中心
Edwin P. Przybylowicz	伊士曼柯达公司高级副总裁兼研究主任（退休）
Hermann I. Schlesinger	芝加哥大学化学系
Susan F. Tierney	马萨诸塞州波士顿分析组
Rex W. Tillerson	埃克森美孚公司

尽管上面列出的独立评审人提供了很多有建设性的意见和建议，但并没有要求他们同意本报告的结论或建议，也没有在报告发布前让他们看最后的草稿。佛罗里达国际大学高级研究员兼马里兰州格拉斯维尔全球环境与技术基金会负责人 Robert W.Corell，以及卡内基梅隆大学工程与公共政策系 M. Granger Morgan 监督了报告的评议。在美国国家研究理事会的指定下，他们负责确保该报告按照制度规定程序进行独立审查，并使所有评审意见都得到认真考虑。报告作者和美国国家研究理事会对本报告的最终内容负责。

译 者 序

美国页岩气革命使美国实现了能源自给，推动了全球油气工业的发展，改变了世界能源供应格局。但随着美国页岩气的不断开发，各种风险也逐渐凸显，同时，在相关预算紧缩的情况下，政府的管理能力正在下降或变得不完整。在这种背景下，为全面认识与页岩气开发相关的风险及风险治理中的一系列社会问题和决策问题，美国国家研究理事会(NRC)成立的指导委员会分别在2013年5月和8月组织相关专家召开了研讨会，对页岩气开发面临的风险及风险治理问题进行了深入分析。对页岩气开发风险的讨论主要从公众对页岩气开发风险的态度及页岩气开发面临的运营风险、水资源风险、空气风险、生态风险、公共健康风险、对气候变化的影响、对开发区域的影响、各种风险间相互作用等方面展开，而对风险治理讨论则涉及管理内容、政府职责、政府能力、管理技术、设立试点区、公众和利益相关者参与、安全文化等方面。这些讨论与认识对美国和其他页岩气开发国及计划开发页岩气的国家认识页岩气开发的风险，以及对其实施有效治理将具有重要的参考意义。

本书的翻译是在中国科学院战略性先导科技专项(B 类)"页岩气勘探开发基础理论与关键技术"子课题"页岩气专项情报支撑及相关政策研究(编号：XDB10050304)"的资助下，由中国科学院兰州文献情报中心郑军卫研究员负责，在郑军卫、赵纪东、王立伟、刘学、刘文浩等20余位同志共同努力下完成，最后由郑军卫、赵纪东、王立伟负责统稿和审校。在本书的翻译过程中，我们尽量坚持与原文一致，在不影响理解的情况下普遍采用直译的方式，希望尽可能多地向我国研究人员原汁原味地转述原作者的思想，但限于译者水平有限，书中难免有疏漏，敬请读者指正。

谨对以上在本书的翻译、校对、出版过程中做出贡献的各位先生和女士表示衷心感谢。

译 者

2018 年 5 月

前　　言

通过水力压裂及相关技术(通常统称为"水力压裂法")开发深层页岩地层中的天然气,急剧提升了美国的天然气产量。在美国许多州的地下地层中存在大量的页岩气藏。目前美国有 16 个州进行页岩气生产,且近 5 年内产量增长了 8 倍。在许多其他国家也存在一些重要的页岩气藏。这些页岩气资源及其相关的生产技术通常被称为"非常规",因为这些天然气被封存在源岩中并没有发生向"储层"的运移,对储层中的天然气可以通过常规钻井(通常是垂直钻井)并在地层自身压力下被直接抽采出来。页岩气的开采需要定向钻井(通常是水平钻井)技术,使用水力压裂来破坏岩石从而产生气体流动路径的技术,或者两项技术的结合(Duggan-Haas et al., 2013)。尽管水平钻井技术和岩石压裂技术都已被使用了数十年,但两项技术的结合、使用新的化学品组合压裂液,以及将页岩气抽采范围扩大到人口密集地区及政府和居民距离施工现场很近但最新经验有限的地区,增加了页岩气开发引发新后果的可能性,并提出了管理风险的能力问题(参见本书中 Kris Nygaard 的表述;也可参见 Duggan-Haaset al., 2013)。

页岩气开发的支持者认为开发页岩气的益处有很多,包括创造就业机会、降低天然气价格、增加地方政府税收、用天然气替代电力生产中的燃烧煤,以及促进国家"能源独立"(HIS Global Insight, 2011)。页岩气开发也加重了人们对风险的担心,包括人体健康风险、环境质量、页岩气开发区的非能源经济活动及受影响社区的生活质量。这些潜在的风险中的一部分正得到仔细的评估,另外一些则没有。尽管对这些风险既没有进行充分描述,也未进行仔细分析,但各级政府正在对开发页岩气和(或)如何控制这些风险做出政策决策,且其中的一些政策很难逆转。

目前,尚不清楚做出这些决策的政府对页岩气开发的好处和风险是否有足够的认识,或是否有足够的资源、权威和专业知识来制定和实施明智的页岩气开发和风险管理选择。许多观察家认为,美国页岩气的风险管理是碎片化的,分散在政府当局不协调但有机发展的混杂事务中,运行于各种法律下,以及工业组织和民间社会的活动中。由于适用于该行业的联邦环境立法的特殊豁免,以及州和地方政府当局在预算紧缩时评估和管理风险的能力不均且经常不断下降，风险治理的充分性往往受到质疑。此外，随着技术的扩散，新的风险问题正在出现，并且在很多方面存在差异，如技术的使用方式、地层中的相关风险及与人口特征、建筑基础设施、土地利用实践、政策的关系等。

由于知识的不完备和治理能力不足，有可能造成不信任和持续冲突及在两次研讨会中各种报告所暗示的问题，这样的结果已经在美国多地发生。页岩气开发可能会走向对抗，有可能不利于能源生产和环境保护的目标。

在此背景下，更好地了解风险是重要的，并且在一定程度上这种需求已经得到广泛认可。例如，美国能源部长咨询委员会的页岩气生产分委员会(Secretary of Energy's Advisory Board，Shale Gas Production Subcommittee, 2011)强调要对页岩气生产的环境影响进行补充研究。然而，该建议的表述却暗含了技术研究与开发的意图。这并不意味着需要其他领域的研究，包括与这些技术开发和实施相关的经济、社会和公共健康风险的研究，风险决策研究或风险治理研究，一些研究观点可以为未来的页岩气管理提供有益的见解。例如在风险治理领域的研究，一些分析人士认为，多中心治理的方法涉及各级政府、私营部门和非营利组织，如果遵循某些制度设计原则可能对共担风险治理是卓有成效的(Ostrom, 2010)。另一些研究人员已经提出了风险型决策的理想过程，可以在页岩气开发领域进行应用和测试(National ResearchCouncil, 1996, 2008)。仔细研究一般情况下页岩气和案例中与风险治理方法的绩效相关的可用证据，可能有助于评估此类提案。

两次研讨会都组织使用了美国国家研究理事会 20 年前所开发的风险表征模型(National Research Council，1996)。因此，在研讨会上探讨的风险问题部分来自"利害关系方(可能与页岩气开发有关的个人和团体)"引起广泛关注的努力。在第一次研讨会中，Thomas Webler 的报告对这一过程进行了更为详细的描述。正如预期的那样，这种启发式过程确定了几个此前未给予密切关注的风险问题，包括生态系统方面的风险、几项公众健康成果方面的风险，以及直接受页岩气开发影响的社会福祉方面的风险。启发式过程还明确了有关当前风险治理体系适当性的各种担忧。启发式过程部分表明，指导委员会组织的第一次研讨会是用于调查页岩气资源开发过程中可能对各种具有社会价值的活动和实体造成的风险。第二次研讨会聚焦于页岩气开发的风险治理，识别重要的治理挑战及考虑在有效社会制度下和新兴的多中心治理结构下来应对这些挑战的可能性。

在研讨会设计过程中，指导委员会的目的是将具备以下特点的参与者组织起来：

·识别各方对页岩气开发和治理的关注范围。

·总结可能与页岩气开发有关的重要风险类别及风险治理策略方面的现有知识，特别是那些在以前未受到仔细关注的知识。

·总结现有风险管理机构用于治理页岩气开发风险方面的知识。

·从社会科学和决策科学的几个传统方式，测试用于应对页岩气开发挑战的风险治理理念的有效性。

·揭示在政府机构工作能力下降时代的治理系统设计方面的更广泛问题。

·有助于科学认识风险治理面临的新挑战，并尽量减少尚未识别的危害。

·从社会科学研究到批判角度，暴露出从业者和利益相关者带有经验性和实用性的思想。

·在新领域，测试美国国家研究理事会 1996 年报告提出的风险表征模型。

指导委员会希望研讨会能在一个单一的、集中的过程中进行，分析一系列环境、健康、经济、社会和其他方面的风险，并不像往常将所有风险通过一个问题联系起来一起讨论。此外，指导委员会希望这一过程有助于为风险分析指明方向(旨在更充分地告诉公众选择)，提出许多与会者认为有希望在当前监管能力紧张的时代应对页岩气挑战的治理模式，并将能源政策团体注意力引导到一些可能会出现的社会挑战(不仅仅是技术方面的)，那些在考虑页岩气开发政策和最佳做法时可能需要注意的。指导委员会还试图确保研讨会能体现不同工程、自然和社会科学团体间的交流以及知识与行动间的沟通，以及促进新的科学合作。

需要强调的是，此次研讨会活动没有尝试去做的两件事情很重要。第一，研讨会不寻求全面覆盖与页岩气开发有关的潜在风险或利益的所有方面，包括用新兴技术降低风险的潜力。相反地，研讨会试图公开讨论广泛的风险和风险治理问题，尤其强调一些以前没有经过仔细分析和实证检验的问题。第二，研讨会不寻求在关键风险问题、有前景的风险治理方法、或平衡风险与收益方面达成共识。相反地，研讨会试图对这些问题生成一些有希望的想法，并引发讨论。指导委员会希望在研讨会中提出的问题能在今后的努力中得到解决，这些努力将会理解和应对页岩气开发相关风险，在为页岩气资源提供明智的社会选择方面，这些努力将从多个角度对这些问题进行批判性的审查。

此次研讨活动的时间也是值得关注的。这里描述的两次研讨会分别在 2013 年 5 月和 8 月举行，恰是页岩气风险及风险治理的新研究和相关报道频繁出现的时期。本报告只讨论参会者在发言时所知的内容，很多研讨会提出的问题的相关工作仍在继续。事实上，许多与会者已经通过发表在 2014 年 8 月 5 日《环境科学与技术》专刊(第 48 卷，第 15 期，8287～8416 页)和其他出版物上的论文更新了他们在研讨会上的观点。这些论文是作者自己的看法和意见，总体来说并不代表国家研究理事会或研讨会的观点。

　　本报告由研讨会的报告起草人准备，作为研讨会所发生事情的事实总结。该报告也包括报告起草人基于研讨会，对可能需要未来分析的风险问题的总结(在第一次研讨会总结的末尾)，和对可能需要未来研究的页岩气风险管理方面的重要挑战、机遇和问题的总结(在第二次研讨会总结的末尾)。指导委员会的作用仅限于策划和召集研讨会。上面提到的两个总结是报告起草人总结这些观点的最突出成果，所表达的观点不代表所有的研讨会参与者、指导委员会或国家研究理事会的意见。

(翻译　郑军卫)

目　　录

第1部分 研讨会一：非常规页岩气开发风险

2013 年 5 月 30 日至 31 日召开的研讨会，其主要目的是以更广阔的视角看待非常规页岩气开发过程中的相关或潜在风险。为了确定研讨会将要审查的各种风险类型，组织本次研讨会的委员会既考虑了有关页岩气开发的所有现有风险，同时也顾及了公众舆论和争议。本次研讨会通过邀请对页岩气开发感兴趣或关心的不同学者和团体参加，以此来启发其对页岩气开发风险的关注内容。由于不可能详细讨论引起人们关注的所有类型的风险，委员会不得不选择其中的一些重要关注内容，并把其中一些类型的关注点合并到更宽广的概念下，以方便研讨会邀请学者做发言讨论。

负责两次研讨会的美国国家研究理事会(NRC)项目主管 Stern，说明了会议目标并感谢资助者，同时宣布研讨会开始。研讨会指导委员会主席 Small 对两次研讨会的目标进行了区分。他将第一次研讨会定义为风险描述，第二次研讨会定义为风险的管理和治理。他向指导委员会陈述道："该项目将指出风险分析的途径，旨在更充分地告知公众选择；该项目将建议治理模式，以便在政府监管能力下降的时代保持迎接各种环境保护挑战的承诺；该项目还将引起能源政策团体的注意，在制定政策和最佳社会实践中需要涉及基本的社会挑战，而不仅是技术方面的挑战。"

Small 简要地谈到了页岩气全球性的广泛存在，提到美国能源信息署预计到 2040 年，页岩气产量将占美国天然气总产量的一半左右，这要比 15 年前的预测结果高很多。预测还包括钻井密度，在页岩气开发区每平方英里的钻井数量将达到 4～8 口或更多。Small 谈到研讨会将会就这种开发密度对各种风险的影响进行讨论。

Small 简要介绍了研讨会的议程并指出，主题报告将回顾之前涉及的风险话题，描述风险的诱发主体、展现方式和最终形态，讨论用于估计风险的方法，总结评判风险大小和原因的证据，以及确定关键的不确定性和减少风险所需的研究内容。Small 概述了研讨会的流程，尽管当前大家对页岩气开发风险认识的争议越来越大，但鼓励所有参会者在对风险的理解上能保持共同探索的基调。

（翻译　郑军卫）

第1章　对页岩气开发风险的担忧：公众反馈结果

报告人：Thomas Webler
社会与环境研究所

　　Webler 是一名专注于促使专家与感兴趣方及受影响方密切联系在一起的环境决策协作过程的研究者，陈述了其根据组委会要求所开展的工作。他在这项工作中的合作者是宾夕法尼亚州立大学的 Israel、卡内基梅隆大学的 Wong-Parodi 和美国国家研究理事会的 Stern。Webler 从描述页岩气开采开始，结合水力压裂和水平钻井，提出这些新技术带来的多种类型的风险。他援引《认识风险》报告 (National Research Council, 1996) 的内容，指出要认识一个风险问题，首先需要对风险进行描述，这往往是通过确定感兴趣方或受影响方的风险担忧开始。Webler 将这些受影响方定义为公众要素，他们已经自学了这些技术并可能敏锐地意识到潜在的风险。

　　Webler 指出，确定风险关注点的方式有许多种。未来资源研究所 (RFF) 已经对专家的风险担忧做了研究 (随后在研讨会上作了报告)，而耶鲁大学最近公布了对普通民众的调查结果。Webler 报告的结果来自另外一种不同的方法：从感兴趣方和受影响方去寻找切入点。受限于时间和资金预算，该项研究是基于互联网的调查，调查对象是脸谱网和其他互联网上可能对页岩气开发感兴趣的人群，包括 24 个当地反对页岩气开发的团体、17 个监管机构、7 个天然气公司、6 个天然气消费行业组织，以及数个隶属于金融行业、能源媒体和可再生能源产业的附加组织。确定好这些组织中的联系人后，邀请他们将调查问卷发给可能感兴趣的调查对象。

　　调查问卷提出两个开放式的问题：关于页岩气的担忧和受调查者更希望了解的话题。调查问卷还询问一些用来确定受调查者的住所所在州及他们与页岩气工业关系的问题 (如果有的话)。总共回收到 372 份问卷，其格式、语气和细节层次各不相同。40% 的问卷来自纽约州，16% 来自俄亥俄州，剩下的一小部分来自其他州。尽管试图得到全国范围的调查反馈，但是收到的绝大多数的受调查者 (76%) 来自马塞勒斯页岩发育的四个州：纽约州、俄亥俄州、宾夕法尼亚州和西弗吉尼亚州。超过一半 (56%) 的受调查者是来自反对页岩气开发团体的成员，只有少数是来自支持页岩气开发工业团体的成员或是页岩气开发工业的员工。

Webler 将这些反馈归结为由 Kasperson 等(1988)提出的五个大类原因：危险(如压裂液)、危险事件(如泄露)、危险事件后果(如地下水污染)、先兆(如不良管理制度)和风险放大(如信息模糊)。使用 Glaser 和 Strauss(1967)提出的常数比较法对反馈结果的定性数据进行分析：反馈被分为可编程的数据段(共 2567 个)，其后由 3 个编码员组成的小组来研发代码列表(共 131 个)，进而对数据段进行编码。

虽然样本不能代表特定人群，但感兴趣方和受影响方频繁提到的风险担忧对调查十分重要，研究小组认为从这方面来看该项研究还是十分有意义的。当然，也有可能那些不经常提到的风险担忧对调查也是十分重要的。幻灯片报告总结了 5 类风险担忧分别被提及的频次，其中危险事件后果是提及频率最高的风险类型。

Webler 对 131 项被编码的风险担忧进行了总结，其主要归结到以下 9 项主题中。

(1)生活质量担忧(25%的受访者提到)：乡村特色的丧失、犯罪、美景的消逝、社区冲突。

(2)经济影响(18%)：财产损失和对现有商业的破坏。

(3)远离井场影响(24%)：地震、注水井、废水处理和处置。

(4)气候变化(17%)：包括对可再生能源和整体能源消费的影响。

(5)信息质量和可用性(18%)：信息披露不足和信息模糊。

(6)监管俘房(46%)：不良管理制度、有缺陷或不公正的科学、监管不足和法律豁免。

(7)道德和环境公正(10%)：程序和分配不公问题。

(8)水资源浪费(13%)。

(9)对生态系统和家畜的影响(22%)：例如，对野生动物和家养动物及其栖息地分割的影响。

Webler 总结说，这些受访者中的一些人对问卷提出的问题进行了很多思考，他们提出了各种风险担忧，其中有一些已经引起足够的重视，而有一些则没有，例如，对生活质量和公正性的担忧。Webler 提到这些风险担忧已经超出邻避主义(NIMBY-ism)的范畴，包括对气候、生态系统和远离井场影响的担忧。此外，许多受访者表示对当前机构采取的用来减少风险的必要行动缺乏信任。Webler 提到，这些受访者提到的一些风险担忧和未来资源研究所

(RFF)研究中专家提到的担忧存在重合(如对空气和水质量的担忧)，同时指出这些重合部分可能不完全相同。Webler 强调，所有这些方法都将对与页岩气开发相关担忧研究提供有用的信息。

问题与讨论

在报告后的讨论中提到了几个问题。

一个问题是用来给利益相关者"把脉"的方法，包括对地方和国家媒体内容的分析、对社交媒体的审查和半结构式访谈来探讨页岩气开发的反对者和支持者对这些问题的思考方式。也有一些相关问题是抽样利益相关者是否具备代表性。

Krupnick(未来资源研究所)指出，此项研究和未来资源研究所的研究反差巨大，他认为这可能是源于未来资源研究所尽可能从学术界、政府、产业界和非政府组织(NGOs)中寻求更广泛的调查对象。还有一个参与者提出，利用脸谱网选择受访者可能导致东北部地区样本的权重偏大。

第三个问题是这种风险担忧是否因不同州而不同。Krupnick 指出，在未来资源研究所做的 1500 人的公众调查中，各州利益相关者的关注点似乎既有相同之处又有差异。例如，宾夕法尼亚州和得克萨斯州的受访者对地下水的影响方面似乎持有相似的态度，但得克萨斯州的受访者更关注于地下水，而宾夕法尼亚州的受访者更关注于栖息地分裂问题。Webler 指出，在问卷调查研究中有一些问题是某个州所特有的，例如，对纽约州葡萄酒和旅游业的影响及俄亥俄州的水污染问题。

第四个问题是不同地区的人群之间存在系统性偏差的可能性，涉及对页岩气工业和页岩气技术已经有切身体验的和没有直接经验的两类地区。

一名参会者询问了那些认为自己的健康被页岩气开发损害的受访者的担忧。Webler 的合作者之一，Israel 谈到，问卷调查的受访者普遍表示出对公众健康的担忧，而不仅仅是对自己健康的担忧。

(翻译　彭威龙)

第2章 页岩气开发的运营风险问题

报告人：Kris J. Nygaard
埃克森美孚生产公司

Nygaard 是埃克森美孚生产公司的工程师和高级增产顾问，其报告主要涉及 4 个核心议题：尽责操作、油(气)井的建设和设计、作业完整性和潜在影响。

1. 尽责操作

Nygaard 表示，工程师常用"压裂"这一术语来指代较大流程的一部分，公众通常也这样认为。较大流程包括钻孔、压裂、抽采和完井，从工程学意义上来讲，该流程比压裂耗时更长。他称，操作成功的关键是识别风险、可能的后果及其发生的概率；考虑不确定因素(如地下条件)；与股东和监管部门合作，共享信息，制定共同的参照框架；为满足能源需求创造条件，创造工作机会和增加税收，并减少环境排放物。

Nygaard 指出，在长达 20 年的时间里，企业一直致力于水平钻井。最新的发展转向大尺度、人口密集的区域，从而引发公众对该领域的更多关注。美国石油协会发表的若干份文件对油(气)井的建设和运行提出了操作规程建议；如果照此进行，那么油(气)井可以安全操作。但当外部运行的设备偶尔性能受限或不按规程操作时，挑战便出现了。Nygaard 继续说道，规章很重要，地方与国家法规尤其重要，因为区域地质是变化的。对于风险管理来说，强有力的公司实践和政策是必要条件，包括高标准和管理问责制，以遵守法规、采用优秀的工程判断和进行员工培训等。

2. 油(气)井的建设和设计

该过程取决于区域地质和当地的油气资源。水的利用和处理也因区域地质而存在很大差异。基于以上原因，Nygaard 强调局部调节很重要。他指出，井的地表占地面积很小：地表上 $3\sim5$acre[①]的钻井平台就能触及地下 $1\sim2$mi^2[②]

---

① 1acre=0.404856hm^2。

② 1mi=1.609344km，1mi^2=2.58985km^2。

的地层。他以建设一口典型井所需材料为例：大约需要 8 个奥林匹克游泳池的水、约 20 个火车皮的支撑材料(主要是砂子，用于开启小裂缝，方便生产)，约 6 卡车的化学添加剂，20～30 卡车的油气田增产设备。他称，在井的建设期间，企业的主要目标是保护地下水资源。通过使用多重屏障减轻风险(如多个水泥外壳)，在建设之初便设计完井。在设计井时，企业严格遵守机械工程设计方法来设计压力容器，并根据需要对每一口井进行特别设计以匹配资源和地方性法规。Nygaard 还表示，企业还力图尽可能地减少化学品的使用，从而与项目的技术目标的实现保持一致。他表示，只有当需要减轻腐蚀和解决其他工程问题，如减少摩擦时，才会使用化学品，一般会采用广泛诊断来检查破裂和返排。

3. 作业完整性

Nygaard 称，在对井进行处理期间，企业采用一系列的方法来监测井中套管和水泥的配置。他表示，这可能需要 4～5h 连续监测，一旦发现异常，则立即关闭井。

4. 潜在影响

Nygaard 提及 King(2012)的一项最新研究，该研究调查了 21 种不同事件的概率和后果，并进行了相应的风险评估。Nygaard 强调，潜在的地下水污染是备受关注的一个问题。一项研究表明(Fisher and Warpinski, 2012)，微地震事件破裂的顶部高度恰好位于各类页岩富集区地下水深度的正下方，另一个研究调查了得克萨斯州和俄亥俄州有记载的 396 个事件，结果发现微地震事件的频率随时间显著下降。Nygaard 指出，井壁是发生多数微地震事件的主要原因，表明了监测的重要性。

Nygaard 表示，诱发地震也是一个问题。断层附近的应力状态的改变可以诱发地震，并补充到，除页岩气开采外，许多工业作业都能产生此类风险。他援引 NRC 的研究(National Research Council, 2013)，该研究对此类风险进行了评估，发现风险较低，但他指出，这可能是唯一的高风险案例。

Nygaard 总结称，每一个页岩区都是唯一的，需要唯一的应对措施；只有公众、监管机构和运营公司共同协作，才能实现可靠和安全发展；合理的、具体的当地规定需要与负责任的经营理念和有效的风险管理相结合；透明、合理的规定可以使天然气经济以一种对环境负责的方式发展。

斯坦福大学 Mark Zoback 的评论

Zoback 是斯坦福大学地球科学院的"Benjamin M. Page"教授和能源研究院的高级研究员,他以幻灯片的形式解释了其所就职的能源咨询委员会秘书处提出的多个议题。他的评论简要,但都与地震问题(他的主要研究领域)相关。他称,在过去几年里,美国的地震数量异常增多,涉及一些正在开采页岩气的地区。众所周知,触发地震是地下注水的潜在结果。他解释称,流体的注入减少了板块间的摩擦系数,所以最终地震发生的时间提前了。他称,这种注水效应的确令人担忧,此外水库蓄水也能诱发地震。问题取决于特定的活动何时会诱发地震。他们可以对最有可能出现诱发地震的地区进行制图,停止注水后,诱发地震也停止了。因此,有必要监测潜在的地震、管理压力,并采取相应的措施。

Zoback 称,他们知道如何做到这一点,但这不是火箭科学。他对 NRC 有关诱发地震(National Research Council, 2013)的报告主要总结了三点:①与地层自身断裂过程有关的极小型地震事件基本上不会给公众带来危险;②与废水注入有关的地震风险看似很大,但实际仍然较低,可以通过现场表征和积极规划来减少风险;③碳捕获和封存诱发地震的可能性比页岩气开发诱发地震的可能性要大得多。

卡内基梅隆大学 Meagan Mauter 的评论

Mauter 就职于卡内基梅隆大学的化学工程学与公共政策系,研究水和能源系统的资源效率,她引用了第 1 章 Webler 的报告来支持她的观点——Nygaard 演讲中探讨的风险并不是唯一需要被表征的。她指出,风险事件发生的可能性和后果并非是风险中唯一重要的层面,根据 Slovic 及其同事(Fischhoff et al., 1978; Slovic, 1987)对于风险认知的研究,发现风险的认知程度受风险的可怕和未知程度的影响强烈。她指出,计划外的流体运移看似是一项无法控制的风险,但与货车事故相比,后者可能风险更高,但却并不可怕和陌生,因此可能不被重视。

Mauter 报道了尚未发表的有关宾夕法尼亚 Marcellus 页岩区的废液运输的研究。研究发现,返排液的平均运输距离为 113mi,页岩气开发产生的废水的运输量相当于 2011 年宾夕法尼亚全部货车运输量的 0.1%。交通运输产生的风险包括柴油排放、交通事故等。研究发现,企业重新使用的废水比例最大限度地反映了废水运输的距离，而其他大部分公司的特征却无法预测。在此项研究中，公司的属性和经验确实会影响废水的管理：大公司很少重复使用废水，而在 2011 年更多的钻井公司或那些在 Marcellus 页岩区更有经验的公司更倾向于重复利用废水。油井较为集中的公司会重复利用大部分废水。Mauter 补充称，企业属性与频繁违反废水管理条例的关系不大。

问题和讨论

与会者的提问及对发言人的评论涉及多个问题，大会报告起草人总结如下：废水注入、绿色完井、企业风险交流、安全文化问题、空气污染物排放、井场蓄水池及返排的长期问题。

1. 废水注入

在回答有关向深部地层注入废水是否可行的问题时，Nygaard 表示，在许多页岩区，可以实现水的循环利用，但在其他地区，由于当地的水达不到压裂要求，就需要进一步处理。在这种情况下，运营商需要寻找合适的处理场所。Zoback 指出，得克萨斯州的注入井数量远远超过宾夕法尼亚州，因为在多数页岩区下方存在大规模的含盐地层，这将有利于水的再循环。他强调，尽管如此，还是需要多次实践才能顺应自然。即使是那些已经安全运行了数十年的注入井，也可能超出地层能够容纳额外废水的能力。

2. 绿色完井

在回答有关问题时，Nygaard 表示，部署返排设备是为了将液体、固体和气体分离开来，所以要因地制宜，有时分离出的组分也可以获利。他称，绿色完井使成本增加，但还未达到增加一倍。

3. 企业风险交流

匹兹堡大学健康科学院的 Goldstein 教授建议，企业有责任确保公众对风险的认知。当他研究宾夕法尼亚州的水问题记录时发现，企业和国家政府曾提到这里与西部不同，不存在缺水问题，但却从未像得克萨斯州一样，禁止向地下注入废水。他还表示，宾夕法尼亚民众通常被告知，水力压裂是短暂的，大约只持续 2 周，但他们不知道的是，连续压裂 8 天也是很正常的。King（石油工程师，Nygaard 曾引用过他的研究）曾表示，企业试图使公众相信，水力压裂只是释放地下的气体，而不考虑公众对于地下水是否被污染的担忧，这是不对的。

Nygaard 表示，企业已经发现，在社区参与方面，无论是在得克萨斯州 Marcellus 页岩区，还是在国际上，提供的信息越多，效果越好。8 年前，当开发 Barnett 页岩区时，企业对于水管理或交流方面还知之甚少。他称，这是一个发展的过程，企业正在了解向公众提供更详细的信息的需要。

另一位与会者提出，在开发前，企业是否可以更加积极地提供水和空气问题的相关背景资料，因为政府无法收集到上述信息。Nygaard 回答道，各团体间信息的透明很重要，并且越透明越好。

在回答有关有毒化学品暴露资料的公众可及性问题时，Nygaard 称，在过去 2~3 年里，企业在信息公开方面已经取得了显著进步。他举例说，FracFocus 已经公开了许多详细信息。他还表示，在选择压裂化学品时，公司应寻找那些能满足压裂要求，又能最大限度地降低环境风险的产品。

4. 安全文化问题

一名与会者问及如何对突发事件进行风险管理，特别是牵涉到井场里许多不同的人和公司，并且是在面临经济压力的情况下。他举了一个例子，一个钻探工意外钻到了一口废弃的煤矿井，致使井壁的水泥四处流溢。因此，运营商需要关注如何向每时每刻做出大量决定的员工灌输关于安全的保守行为意识。在 Nygaard 的回答中，他强调了两个要点：用企业文化和监管环境来审查和评估状况。他称，在他的公司里，企业文化的关键是实现预期安全运营，并且了解遇到任何情况都必须通知管理人员。他表示，他的公司拥有安全和赋权文化：一旦发生危险，任何员工都有权关闭操作。

Zoback 称，安全文化本质上是管理问题。他指出，这与近海石油钻探有一些相似之处。在参与美国国家科学院对深水地平线事故的调研时，他发现，强有力的安全文化比仅仅要求运营商遵守法规更行之有效。他以美国石油协会的实践指南为例 (King, 2012)，该指南提倡多重障碍，列举了实现目标的最佳方式，如保护地表含水层。他称，法规需要把注意力集中在正确的问题上：设定和实现环境目标，而不是指定一系列需要遵守的规定。

在回答有关安全技术规章和美国石油协会的建议如何实现从服务承包商到井的所有者问责的问题时，Nygaard 称，安全文化必须从首席执行官贯彻到全体员工。他还表示，井的所有者对服务提供商负责；其公司负责评估承包商的安全绩效和环保承诺、培训并指导他们，询问其员工是否能够满足公司需要，当员工表现不好时让其离开。

5. 空气污染物排放

在回答记者提问时，Nygaard 称，虽然他的报告没有提到这个问题，但空气污染物排放在运营期间也备受关注。他指出，即便如此，页岩气整个生命周期内的全部排放物都需要与其他能源的排放物进行比对。Zoback 补充到，井的正确设计和施工是防治空气污染物排放及水污染的第一道防线。

6. 井场储水池

在回答有关井场水池具体如何使用的问题时，Nygaard 将储存压裂淡水的水池与储存返排液的水池区分开。他表示，在设计这些水池时，他的公司首先考虑了护堤、堤防、衬板和水池的大小来容纳预期的降水，避免洪泛，然后才采用工程设计。

7. 返排的长期问题

一位互联网参与者提问称，在井的预期生命期限内，企业做什么来解决返排的长期风险，特别是易腐蚀的金属和混凝土，以及井超过开采期后的债务情况。Nygaard 表示，他无法评估债务，但在井的建设方面，他的公司选择的材料可以抵抗压裂液和返排的腐蚀，并根据预期寿命来设计钻井。一旦开采期结束，公司将按国家规定，启用废弃程序以避免钻井的长期暴露。

（翻译　赵纪东）

第3章 页岩气勘探和水力压裂给美国水资源带来的风险

报告人：Avner Vengosh
美国杜克大学

Vengosh 是杜克大学尼古拉斯环境学院的地球化学和水质学教授兼水和空气资源项目主席，主要从事能源和水质之间的关系研究。在该研究中，与其一起合作的还有杜克大学的 Jackson、Warner 和 Darrah。Vengosh 首先强调了该报告将要讨论的几个问题，包括：页岩气开发对水资源已知的影响，哪些利益相关者想了解页岩气开发对水资源的影响，以及二者之间存在的差距。

在页岩气开发附近的饮用水井中出现甲烷等气体污染，可能会引发火灾和爆炸危险。Vengosh 称，尽管还没有发现因饮用高甲烷水而直接导致的健康问题，但是水中存在甲烷可能导致水井被关闭，从而影响了用户的水供给。有研究也表明，水中存在甲烷可能减少当地的经济收入。Vengosh 表示，尽管一些研究表明，页岩气区的甲烷是一种自然发生的现象(Molofsky et al.,2013)，但其他一些对甲烷的化学组成的详细研究表明(Osborn et al., 2011)，是有可能对井水中不同的甲烷来源进行区分的。Osborn 及其同事的研究发现，离活跃的页岩气井不到 1km 的水井，其甲烷含量较高，高于美国内政部(DOI)规定的标准，这意味着使用这些水井的家庭有潜在的危险。目前，来自杜克大学 Vengosh 研究小组的最新数据证实了这些发现，表明从页岩气井中逸出的气体是附近饮用水水井中发现的高浓度甲烷的原因。根据 Vengosh 的研究，几种机制可能导致这种污染，但最有可能的原因包括井的不完整性、不正确的固井及井的不当设计，使气体沿井的环状空间漏出。此外，他强调了现有知识的局限性。尽管现有的研究是详细的，但它们只涵盖了有限的领域。例如，他的研究小组与其他合作者的一项新研究发现，在阿肯色州广泛的页岩气勘探地区，天然气井的距离和甲烷浓度之间不存在相关性(Warner et al., 2013)。因此，Vengosh 认为，在 Marcellus 页岩中的发现可能并不适用于 Fayetteville 页岩区块，因此有必要考虑每一个盆地的特殊性。

Vengosh 认为，地表水污染可能来自于液体溢出、正常的油井作业和废水处理，该风险在不同页岩区块可能会有所不同。在 Marcellus 页岩区块，大家一致认为一口井平均需要 1000 万~2000 万 L 水，产生的废水量平均为 520 万 L。2011 年，在整个 Marcellus 作业区中共计用水 31 亿 L(Lutz et al., 2013)，体积大约是常规石油和天然气生产的 4 倍。Marcellus 地层中，废水的盐分和溴化物含量很高，并且含有有毒元素(如钡和砷)，自然产生的放射性物质，以及各种各样的有机化合物，都可能污染下游水。返排液的盐度有时会造成比有毒物质更大的危险。

Vengosh 解释，废水经过市政污水处理设施或私人工业盐水处理设施的处理后，水力压裂水回收可以通过地下注入处理及再循环(2011 年，Marcellus 利用了约 70%的废水)，或用作其他用途(散布在道路上来控制冰面道路，该用途在西弗吉尼亚州仍然允许使用，但在宾夕法尼亚州不允许)。但是，每种处理方法都有风险：市政工厂的处理降低了这些工厂处理生活污水的效率；盐水处理设施对卤素或放射性物质的处理存在不足；深注入有地震风险，不可能用于所有地方；再循环是理想的解决方案，但高浓度的钡和硫酸盐可能导致关井停业。废水处理不会消除所有的污染物，其往往具有高盐度和高浓度溴化物，所以处理过的废水，其上游溴化物的浓度是下游的几倍。当下游社区把被溴化的水作为饮用水源时，这些流出物可能会增加致癌风险。由于这些原因，Vengosh 称，任何油井废水的零排放应该是页岩气作业的目标。

长期影响主要有 4 种类型。Vengosh 认为，一些地方对水利用率的长期影响可能是一个问题。在 Marcellus 页岩区，每年的用水量为 4000 万~6000 万 m^3；在 Oklahoma 页岩区，每年的用水量为 1600 万 m^3，大约相当于全州淡水用水量的 1%，在 Barnett 页岩区，每年使用 3000 万 m^3 的水，这相当于达拉斯市全部用水量的 7%(Nicot and Scanlon, 2012)。据 Vengosh 预测，全国每年用于页岩气开采的用水量为 1.5 亿 m^3，远低于水力发电的用水量。然而，在西部水资源缺乏的地区，如得克萨斯州，一些县将地下水作为淡水的来源，因此对水资源的竞争可能会成为一个问题。

第二个长期问题涉及深层和浅层含水层之间的连接。Vengosh 认为，该行业强调地下水和钻井所使用的水之间的垂直距离为 3~4km，但是即使地质系统渗透率较低，可能不仅限于这个距离。未来将需要更多的研究以量化深含水层和浅含水层之间的连通性。2012 年，Myer 提出一个初步估算，估计污染物会在 10 年左右到达深含水层，但 Vengosh 表示，关于这个估算存在很多争论。2011 年，Osborn 及其同事发现，宾夕法尼亚州流域的水井检测出一种独特的地球化学元素同位素，类似于 Marcellus 盐水，具有非常高的盐度，但与锶浓度的复杂同位素有区别。该研究发现，20 世纪 80 年代在该流域就发现了类似的盐水，所以盐水的存在不一定意味着目前水被污染了。然而，Vengosh 建议，考虑到该流域是一个水回注速率较高的地区，现在盐水会被冲走，说明一定有一些可能来自页岩开发的持续影响。

第三个长期的问题是 1985 年 Harrison 提出的气井密封性不好可能使地下水被污染。气体和盐水可能进入设计不当的气井的环形空间，接着被释放到周围的地层，特别是有水的地方。气体可以从废弃和密封性不好的天然气井流入常规水井。在宾夕法尼亚州西南部，有些地区气井的密度很高，这些地区应被视为高风险地区，而在宾夕法尼亚州东北部，气井密度低得多。

Vengosh 讨论的第四个问题涉及某些污染物(如镭)，这些污染物出现后会残留在环境中很长一段时间。废水被处理之后，因为镭的半衰期长，所以下游沉积物中的镭含量可能随时间增加。通过一些仪器可确定水中镭的来源，而且含有高浓度的镭的区域已经被勘测出来(Lutz et al., 2013)。

最后，Vengosh 再次强调，页岩气开采对水资源风险的科学认识还处于非常早期的阶段，而且对于风险防治策略的制定目前还只是基于非常有限的数据。

得克萨斯大学 Jean-Philippe Nicot 的评论

Nicot 是得克萨斯大学 Jackson 地球科学学院经济地质局的土木工程师和科学家，他从事的研究方向为污染物运移模拟。他首先谈到了水井中的甲烷问题，同时强调了 Molofsky 及其同事在 2013 年提出的观点，即浅含水层中的气体并不一定意味着水被污染了。他表示，井的基线数据很重要，并且现在正通过更多的钻探公司收集这类数据，这将给井水中甲烷的来源一个更好的解释。他还指出，在一个单点井水中，甲烷浓度存在极端变化，并重申甲烷或放射性物质的出现，这种现象在整个页岩区块不能一概而论。

关于页岩气开发的用水量，Nicot 表示，在得克萨斯州，全部可用量为 1500 万 acre·ft[①]，工业每年使用量大约 10 万 acre·ft，占全部可用量的 0.67%，而在科罗拉多州，工业用水也在所有可用水中也占非常小的比例。虽然水位在下降，但这似乎主要是干旱的结果，而且增加的用水量主要用于其他目的。同时，他提到了来自美国地质调查局(USGS)的一份新报告表明(没有进一步

---

① larce·ft=1233.5m³。

确认），无论该区域的部分地区是否有页岩气在开发，整个地质区域水位都在以同样的速率下降。Nicot 表示，当单个水井变干涸，这并不一定表示整个含水层的水枯竭了，关键问题是是否存在足够可用的水，例如，县一级是否有足够的水用以支持多种用途，包括水力压裂。

对流体沿断层迁移的问题，Nicot 表示，运营商一般不会在地质断层钻井，这就降低了流体运移的风险。他也同意 Vengosh 的观点，即盐水的移动会跨越地质界限，但它是如何快速运移的，却是一个开放性问题。

问题与讨论

通过讨论几个问题对一些与会者的疑问和评论做出回应。报告通过以下几个议题：区域规划、监测及其他问题等，并对其进行了梳理。

(1)区域规划。Northworks 公司的负责人 North 认为，在 Marcellus 页岩区，溴化物、氡及其他污染物排放到河流中将产生重大影响。他建议应该建立一个精心策划的区域系统用于废水处理，而不是通过井来完成。此外，在干旱的西部，大量水的输送是一个主要问题。因此，有必要进行适当的区域合作。Nicot 认为，西得克萨斯州没有太多的淡水，但该州已经在努力搜集含水层的更多相关信息，同时，工业对微咸水的使用也在日益增加，这要求该州对微咸水含水层的研究可能能够实现供水。但是，Vengosh 补充称，在 Marcellus 盆地，他不知道任何此类合作成果。

(2)监测。研讨会主席 Small 表示，美国国家环境保护局(EPA)对水处理工厂有一套信息采集程序，而对页岩气工业是否也存在一个类似的监测与监管程序却是未知的，如果没有，这是否是有益的还需进一步进行研究。对此，Vengosh 称，在页岩气开采作业之前和期间，他不确定会产生公共领域信息的系统监测程序是否存在。但是，该行业有大量的信息不会被全部公布，尽管对一些特殊地方进行了一些监测研究工作，但是没有获得实际效果。Vengosh 倡导一般公共监测系统通过使用最有效的分析工具来描绘地下的污染物来源，但是这可能为时已晚，因为在那里钻探已经发生，但在新的页岩区块肯定可以，如加利福尼亚州的 Monterey 地区。Zoback 表示，他任职美国能源咨询委员会秘书时曾呼吁采取一个在科学上不断改进的监测程序，但政府没有采纳该建议，同时，他也认为需要收集更多的监测数据。

(3)其他问题。Zoback 认为，水力压裂会减小气井的核心压力，因此流体应该被向下吸引进入井中，而不是向上(朝着含水层)。对此，Vengosh 表示，没有看到过试图模拟真实地层状况的研究，要回答这样的问题，需要通过钻孔数据研究，而且还要监测压力和流量。

接下来，进一步讨论了在水井中观测到的热成因气可能来自比那些正在钻探的天然气更浅的页岩层的可能性。Vengosh 表示，Molofsky 的研究是基于少量的观测，中间层面的污染可能来自一个井的套管故障，而不是一个自然过程。2011 年，Osborn 及其同事的研究，以及 Molofsky 的研究都使用了不同的基本假设。而 Jackson 称，通过很多方法可以知道气体分离的不同来源，在杜克大学研究小组（他和 Vengosh 都属于该小组）的研究中，有证据表明，在水井中观测到的 Marcellus 气体和气体运移都来自较浅页岩。

关于在互联网上问及被注入地下深处且没有返回到系统（即地球的水圈）的水损失问题，Nicot 不认为这是一个水损失问题，因为海洋提供了一个巨大的水储备，而且，燃烧气体产生的水汽比地下注入损失的还多。此外，他还表示，灌溉和发电厂的水蒸发比页岩气行业需要的淡水还要多。对此，Vengosh 表示赞同，他认为尽管页岩气开采需要大量的水，但相对于其他能源行业的用水量来说，页岩气开采对淡水资源的需求量很少。

（翻译　赵纪东）

第4章　页岩气开采和配送对空气的影响

报告人：Christopher W. Moore
沙漠研究所

　　Moore 是美国沙漠研究所大气科学中心的研究助理教授，主要研究大气污染物的循环。他的报告介绍了页岩气生命周期的各个阶段可能产生的空气排放，总结了现有数据，并确定了可能缺少数据的地区。他强调，水力压裂只是页岩气开发的生命周期的一部分，此外还包括建井、生产、配送和储存、使用和终结（如关井）(Branosky et al., 2012)。他指出，空气排放物的数据几乎全部来自生命周期的前三个阶段。

　　Moore 继续指出，相关排放物，包括甲烷和乙烷、苯、甲苯、乙苯和二甲苯、硫化氢、臭氧前体物(ozone precursors)、颗粒物和二氧化硅。这些都会影响人类呼吸，如苯是致癌物。模型研究表明，20～100 年内，页岩气产生的温室气体与煤炭及常规天然气相当，但对此尚缺乏直接观测证据。美国国家环境保护局(EPA)(U. S. Environmental Protection Agency, 2013)的排放物预测一直不稳定。例如，EPA 预测，2012～2013 年，天然气行业的甲烷排放总量比 2010 年的预测值下降了 33%。预测的准确性十分重要，因为天然气开采是美国最大的甲烷来源。Moore 补充称，天然气开采过程中释放的甲烷主要来自于建井阶段。

　　他继续指出，在建井阶段，主要的空气污染主要来自车辆，如柴油机污染气体排放和道路开发产生的粉尘。在钻井和压裂阶段，需要向每口井注入 1 万～500 万 gal[①]水，从而产生卡车的柴油机污染气体排放、压裂液和粉尘，以及易挥发的有机化合物和二氧化硅。钻井阶段还会释放颗粒物、硫化氢和甲烷等。完井阶段，需要从井孔中去除返排液，排放和燃烧常会释放出甲烷、硫化氢和挥发性烃类。Moore 还指出，目前完井过程已经越来越规范。

　　Moore 简要介绍几个研究案例，总结了科罗拉多州的经验。其中，McKenzie 等(2012)抽样调查了科罗拉多州加菲尔德郡的 4 口井的完井活动，评估了距井半英里内、外的居民面临的风险，发现距离井场越近，居民的健

---

① 1gal=3.78543L。

康风险越高。Moore 认为这是一项很好的研究，但却不够周详，还需要在其他地区进行验证。研究人员通过得克萨斯州沃思堡市的 8 个地点进行空气质量研究，却没有发现任何与气体钻井有关的空气影响，因此认为 600ft[①]的距离可以充分保护公众安全。

Moore 认为，生产阶段的主要排放物是阀门泄漏和柴油压缩机站产生的甲烷和易挥发烃类。在得克萨斯州的怀斯县 (Zielinska et al., 2011)，通过在生产区的下风向监测燃气设施的排放物，研究发现随着冷凝槽下风向的距离增加，排放物浓度明显下降。除了苯的浓度过高以外，在该地区没有发现其他排放物的浓度是否显著高于正常水平。Moore 简要介绍了一些其他研究，其中犹他州的臭氧水平高于 EPA 标准。

气体传输和储存被认为是管道附近甲烷和臭氧前体物泄漏的主要原因。在这方面，Moore 列举了一篇相关研究。该研究对波士顿沿途道路进行移动测量，发现了上百个甲烷泄漏点，一些泄漏点的甲烷浓度超过了全球阈值的 15 倍，甚至偶尔会引发爆炸风险 (Phillips et al., 2013)。

最后，Moore 强调了实际测量研究的严重匮乏。他指出，必须采取以下措施来确保近期和未来的公共安全：需要在钻探前期、中期和后期进行有针对性的测量研究；明确各页岩气地层的排放路径，据此追溯排放源头；收集更多的地表大气甲烷通量数据，特别是城市地区；量化二氧化硅的排放量。

科罗拉多大学波尔得分校、美国国家海洋和大气管理局
Gabrielle Petron 的评论

Petron 是科罗拉多大学波尔得分校环境科学合作研究所的空气质量研究员，也是美国国家海洋和大气管理局 (NOAA) 地球系统研究实验室的副研究员。她指出，在落基山脉，臭氧形成始终是怀俄明州和犹他州的主要问题，其臭氧浓度创造了全国纪录，这可能与冬季的逆温现象有关。这两州已经开始列出排放清单，控制臭氧前体物来减少暴露。她认为，减少挥发性有机化合物的排放与减少温室气体的排放有异曲同工之效。美国在科罗拉多州进行的臭氧监测尚未覆盖天然气田，需要不断的努力重新部署对市区油气领域的监控。

Petron 指出，从 2007 年起，其研究小组就开始监测塔楼、飞机、井场及大货车的排放物。通过每天监控油气领域活动的影响，试图查明泄露点，研

---

① 1ft=0.3048m。

究发现，飞机测量对于识别甲烷的高浓度区域非常有效。测量结果表明，该区的苯和甲烷浓度极高。然而，也有必要监测其他类型的排放物，如酸、杀虫剂和溶剂等添加剂。

Petron 讨论了准确测量甲烷排放的重要性。现有数据表明，EPA 预测值的变化已经远远超过了 Moore 所说的 33%。在一项尚未公开发表的研究中，Petron 的研究团队共测量了 3 个地点的甲烷损耗。据估算，在甲烷的开采过程中，丹佛盆地预计损耗 4%，尤因塔盆地预计损失 9%，均高于 EPA 的预测值。而 EPA 预测，从生产到加工只有 1%的损耗，在整个天然气生命周期内也仅有 1.9%的损耗。此前一项研究认为，作为新的发电厂燃料，天然气的净气候收益预计比煤高 3.2%(Alvarez et al., 2012)，而 Petron 的研究结果也超过了预测值。

最后，她确定了三个优先事项：①量化实际排放量，特别是针对不易收集的排放物，更多地开展实地测量，Petron 指出，从 20 世纪 90 年代初，科学家就开始使用排放系数；②Petron 认为应当依据最佳管理措施来预测减排量，得克萨斯大学一直在进行此项研究；③开发有效的、可扩展的泄漏检测程序，使设备可用于工业自我检验。在一些地区已经产生了一些强烈的、可量化的影响，因此需要部署新的监测和检测技术来评估和解决问题。Moore 表示，实现绿色完井需要回收排放物，这项工作已经在科罗拉多州进行了部署，但实际情况却并不理想，在一些高排放地区，如犹他州和得克萨斯州的 Dish，排放物的浓度变化范围小于 5～30ppm[①]。

问题和讨论

与会者提出的问题和讨论主要涉及几个议题，大会报告起草人从以下几个方面进行了总结：Petron 提出的测量、相对排放、监测、筛查方法和监管差异。

1. 测量

在回答有关 Petron 的设备测量排放物所需时间的问题时，Petron 表示，检测可疑地点的测量耗时很短，通常不到 1h，但设备不会进行定时定量预测。要想确定慢性污染源可能需要几天时间。对于另外一个问题，Petron 认为，在科罗拉多州和犹他州的甲烷测量是针对整个天然气领域，她也承认并非所有的排放物都源于天然气生产(一些可能来自石油)。并且，进一步的测试将

---

① ppm 表示百万分之一。

有助于区分新井和老井的排放。在回答有关测量气溶胶的问题时，Petron 解释，这项工作由 NOAA 完成，而她的演讲重点是政府现在最关心的排放问题。

2. 相对排放

一名与会者问及页岩气开发的空气排放量如何与其他排放进行对比。例如，如何将气井的排放与高速公路加油站的排放进行对比。Petron 回答，在石油和天然气开发领域，排放的苯主要来自开发过程而非运输，虽然这会视具体情况而定。Barnett 页岩的苯含量低，但在其他页岩中可能很高。Moore 认为，随着对气井的点源空气污染了解的深入，利益相关者可能更希望像加利福尼亚州一样对加油站加以控制。

3. 监测

一名与会者问及甲烷监测技术的现状。Petron 表示，该技术即将投入使用，使用者正准备发表论文。她认为，飞机测量可以提供同位素示踪，来追踪特定位置的排放，并补充到，在科罗拉多州，监测一个天然气田，月耗资约 20 万美元，而在得克萨斯州，由于研究人员需亲赴现场，因此每月耗资约 35 万美元。

杜克大学研究小组的 Jackson 支持多地点监测来确定排放源，不是为了记录高浓度或获取平均值，而是为了验证空中（飞机或摩天大楼）气体间的关系。他还建议，与企业合作将会取得更大的进展。Moore 认为，如果就监测内容达成一致的话，长期监测项目是可取的。Petron 也认为有必要将饲养场和天然气生产排放的气体区别开，但目前实际能力离这一目标还有着相当长的距离。她还指出，由于资金紧张，NOAA 已经终止了对 8 个塔楼的飞机监控。Jackson 指出，空气污染排放物表示该地区可以更快地取得最大的进步，因此也代表了安全、经济利益和空气质量多方面共赢的局势。他期待在一年里将能增进对空气污染排放物的了解。清洁空气任务小组的 McCabe 表示，虽然与企业合作测量非常重要，但却很难评估总排放量，因此，政府和大学的自主测量也很有价值。

4. 筛查方法

McCabe 建议，和机动车尾气一样，车队里通常有 1/10 的机动车排放尾气占的比重最大，气井排放的关键是筛选出少数主要污染源。他表示，这种方法不需要同位素示踪来"证明"发现了污染源。他提到，十年前 EPA 对气体处理厂的研究发现，50 个工厂的泄漏率的影响因素各不相同。在各个工厂，排放物主要是上千种泄漏物中的前 10 种，占整个研究中全部泄漏物的 35%。Petron 赞成使用易用的筛选设备，由于政府监管者过少，如在科罗拉多只有 17 名检查员，企业可以使用这种设备来查找和关闭泄漏点。她相信，未来几年内，查找泄漏点将变得相当容易。

McCabe 认为，监管员需要特别的设备来确定泄漏源，Petron 回答，现有的一秒钟测量仪器可以发现排放物来源。她不同意 McCabe 的某些观点，但她指出，甲烷并不是唯一需要测量的排放物，还特别提到了挥发性有机烃。她还表示，同位素测量必须要从飞机上观测，因为这是追查排放源的唯一途径。

5. 监管差异

与会者对各行政辖区，甚至是同一个州的监管差异进行了简要讨论。Petron 指出，在犹他州，印第安地区与其他地区的管理机构便有所不同。

（翻译　刘　学）

第5章 页岩气开发中的公共卫生风险

报告人：John Adgate

科罗拉多州公共卫生学院

Adgate 是科罗拉多州公共卫生学院环境和职业健康系的主席，他致力于提升流行病学研究中的暴露评估(exposure assessment)研究，在科罗拉多州加菲尔德郡梅萨城垛(Battlement Mesa)，Adgate 及其团队围绕健康影响进行评估并发表了许多评论。他指出，公共健康风险来源于紧张性刺激(stressor)，这包括环境或社会进程造成的各种直接或间接影响。压力可能出现在其短期良好发展阶段、生产阶段和之后的各个过程。不同类型的紧张性刺激可能会出现在不同的阶段，从而导致公共健康风险。

1. 空气暴露

Adgate 及其团队的健康评估颇为关注空气质量议题。他们从郡县部门和州相关部门收集现有数据，包括当地空气监测数据、交通数据和噪声评估数据、坊间的暴露案例和健康症状的报道、人口普查及重要统计数据、癌症及其他疾病的数据，还包括学校数据和犯罪数据。该团队也通过检索科学文献来帮助思考可能存在的暴露案例。重要的是无法获得完整的暴露信息和健康结果数据。他的团队调研有关急性疾病和癌症的潜在影响：意外事故、火灾、爆炸事故，以及社区变化(可能影响活动水平，社会参与和个体之间的心理压力)。

Adgate 指出，尽管这个评估存有争议，但他们还是收到一些坦率的建议，例如，在居民区减少暴露风险、促进安全操作程序和与利益相关者之间加强建设性交流。Adgate 指出，人们日益关注科罗拉多州的页岩气开发，是因为开发已经扩展到人口居住区。

健康风险评估研究(McKenzie et al，2012)强调了页岩气开发需要管理返排(flowback)，这似乎是最重要的排放来源。2011 年，EPA 的一项研究发现，压裂气井(fracked gas wells)内甲烷、有害空气污染物和挥发性有机化合物的排放水平，是非压裂气井的 20 倍。使用有限数量的"返排"和"非返排"水样，该团队应用标准筛选风险评估法制定了非癌性健康风险的一个危险指标和终身过剩癌症风险的评估。危险指标低于标准线表明健康风险可能发生在大部分人群中，但不会给居住在页岩气井附近的居民带来亚慢性风险。在一个 20 个月的暴露场景中，除了对发育的影响，危险指标均高于神经系统、呼吸系统和血液系统的 1.0 的阈值线。最重要的非癌性风险的因素是三甲基苯。

终身过剩癌症风险评估是高于百万分之一的目标水平，但远低于 EPA 要求的万分之一的水平。苯是癌症风险过高的主要驱动因素。Adgate 强调了这些结果是初步的，因为获得的研究数据存在很多的局限性。

2. 水暴露

Adgate 表示，水暴露可以使用相同的风险评估方法，尽管公众对水问题高度关注，但这种评估方法还没有出现在文献中。大量化学物质混入压裂液 (fracking fluids) 中，但对在地表以下高温、高压环境中返排以什么形式出来知之甚少。由于返排液 (flowback fluids) 的成分，处置措施可能是最重要的风险来源。

3. 工业活动

Adgate 表示，工业活动和采砂给暴露在二氧化硅中的工人会带来硅肺 (silicosis) 的风险。在健康影响评估中指出，卡车交通遭到了当地居民的很多投诉。在纽约，每口页岩气井的卡车行驶估计为 1000 次，且多口页岩气井共用一处卡车停车点。Adgate 总结，如此的交通状况，给住在附近的居民带来了危害，例如，暴露于柴油烟雾、灰尘之中给学校孩子们带来安全风险。工业安全文化也是一个问题，怀俄明州的一份报告发现，工人死亡发生的概率是全国水平的 2～3 倍，其中主要集中在钻井业和交通运输业。

4. 其他压力

Adgate 的研究小组发现，科罗拉多州的千英尺页岩气井的噪声水平绝对属于压力源。他引用了一篇最新研究证明，噪声与心血管疾病之间存在联系。该健康影响的评估还指出，2005～2009 年犯罪发生率和性传播疾病的增加，均与页岩气井的大量增加呈正相关，当地居民也报告有压力增大、失眠和其他反应。Adgate 提到了匹兹堡大学 Ferrar 最近的一项报告，在相信自身健康已经受 Marcellus 盆地页岩气开发导致不利影响的 33 人中，所提到的最靠前几个压力源，都是社会性质的 (Ferrar et al., 2013)，其中包括被拒绝、或者被误导、腐败、抱怨或担心被忽略等。

Adgate 强调了几乎完全缺乏有关健康的压力源暴露信息和缺乏健康跟踪信息,包括职业健康信息。他认为有利于提高透明度和提供更好的信息,旨在实现以下目标:①描述活动的范围和环境因素与灵活的限制政策之间的相关性;②描述排放、空气水平和人类暴露的可变性;③毒性因素的评估;④了解化学混合物、噪声、交通和事故作为压力源对健康和生活质量的影响;⑤将更好的压力应对措施纳入个人和社区健康评估。他认为,对于暴露和健康评估数据的收集,仍然需要页岩气开发前、期间和之后的系统数据收集。需要做更多关于化学混合物作为压力源和非化学压力源激的研究,这些压力源对工作者和社区产生了影响。此外,公共卫生暴露-预防策略也应针对在安全活动期间尽量减少暴露,将危害降到最低限度。

宾夕法尼亚州西南部环境卫生项目顾问 David Brown 的评论

Brown 是一个公共健康毒理学家,曾在康涅狄格州担任环境流行病学和职业健康的首席。目前担任西南宾夕法尼亚州环境健康项目的环境健康顾问,并协助宾夕法尼亚州华盛顿郡居民的非营利组织,当地居民相信他们的健康已经或可能受天然气开发活动的影响。他报告了该项目的完成情况:在宾夕法尼亚州西南部,识别暴露环境中对居民健康影响的模式,跟踪暴露风险,并建议居民按标准操作保护自己的健康。该项目获得了 3 个基金会的资助,旨在提供"准确、及时、可信"的与天然气开采相关的公共卫生信息和医疗服务。他强调信任的问题,因为在该地区的健康信息的不信任非常严重,以至于人们不愿意与陌生人谈论这些问题。在这个项目中,一个有经验的执业护士探访参与该项目的人,并提供达到健康评估的检查。该项目提供了 Marcellus 页岩地区唯一可用的医师教育项目,并为执业护士提供临床毒理学资料,以便让她知道和可能已经暴露的人说话时会有相关化学制剂暴露的潜在影响。该小组还包括数名公共卫生和职业健康专家,一名毒理学家和一名社区外展服务专家。

该项目的主要目标是通过识别极大或较大可能影响健康的因素和采取确定减少该群体压力水平的行动来识别和应对健康影响。执业护士使用一种结构化访谈表询问有关症状,当症状出现,人对自然环境资源的亲近、社会因素和情感因素可能均与该症状相关。在问任何个人健康问题前,执业护士们通常花 45min 与这些人交谈。

临床项目组上报了皮疹或过敏(48%)、恶心或呕吐(45%)、腹痛(38%)、呼吸困难或咳嗽(41%)和流鼻血(21%)。其他常见的报告包括焦虑和压力、神经系统问题(头痛、头晕、眼睛和喉咙发炎)。根据访谈和基于临床表现与相关暴露症状对照而判断的经验,执业护士出具带有评论的报告。

该项目创建了关于每个人的案例文件,它从三个标准考虑症状是由于页岩气钻井造成的:天然气开采活动与一系列症状之间的时间关系,可识别的暴露源的出现接近个体经历的症状,以及至少有可能引起症状的潜在医疗条件的缺乏。一个团队的案例记录审查包括一名毒理学家、一名职业医师、一名执业护士、一名精神科护士和两名公共卫生研究人员。每个案例的目标是确定是否可以排除页岩气暴露出的影响。评论只考虑每个家庭的个体采访。项目参试人员总体是自动选择的,只要是接近该项目,且在华盛顿郡的研究对象即可。

案例的分析发现,7 人有皮肤效应,这都归结于与水接触和呼吸[13],神经系统(3)和眼睛刺激(4)效应,都与空气暴露有关。该团体最初假定接触需要通过水,因此惊讶地发现没有与水接触的人也有页岩气开发的症状。该结果与其他一些调查研究一致(Ferrar et al.,2013;Steinzor et al.,2013)。该团体指出,项目参与住户还报告了宠物的健康问题,为住户造成了额外的压力。

该项目的执业护士还调查了在 2012~2013 年期间的 2 个月里对宾夕法尼亚州 Burgettstown 的一间诊所提出投诉的 279 人。她发现这组的每个分量表得分都低于标准心理测试规范,并且至少有 30%的受访者处于患抑郁症的风险中,而全国平均水平是 19%。这些发现超越采访期间的数据,但仍然是临床结果。Brown 表示研究结果揭示了一个显著的公共卫生问题。

该项目试图使临床数据与文献研究相结合,说明在该研究区域曾没有暴露风险。要做到这一点,它进行了一些环境测量,如从压缩站监测约 1000ft 范围内的家庭所在地 4~5 天空气传播中的细颗粒物。研究发现,相当稳定背景下,长期空气暴露细微颗粒数为 1000~2000 个/ft³①,但有短期峰值达到 7000~8000 个/cuft。通过周、月和整年的挥发性有机化合物浓度的测量均显示出大幅波动和某些时期的极高暴露。数据表明,云层风速和其他环境条件强烈影响着空气混合物和观察到的浓度水平。Brown 的结论是需要建立更严谨的模型去更好地理解暴露。

该项目的主要目的是告诉人们如何减少自身的暴露风险。测量细颗粒可

---

① 1ft³=0.0283168m³。

替代所有的空气暴露，并能帮助人们了解孩子什么时候适合出去玩。该项目希望能够提供一个简单的筛选测试，让人们将测量与行动建议联系起来。建议人们减少户外活动，并让孩子远离污染源。项目要求他们使用过滤系统减少颗粒和气体的暴露，并正在同来自美国匹兹堡大学的一个团队合作评估不同的过滤系统。清查参试人员房屋附近的排放可以让没有暴露在风险中的人感到安心：有些人惊慌失措，甚至搬离至 7mi 外的地方。最后，该项目要求参试人员保持记录环境和健康日记。

该项目要求参试人员做好"三件事情"：①通过管理室内通风、经常打扫房间、避免灰尘吸入来清洁空气；②在做饭、洗澡和饮用时使用清洁的水，当用水出现灼伤皮肤或引起皮疹时就医；③通过健康日记、监测水、监测空气和对孩子、老年人和慢性病患者的特别关注等来观察健康变化。该项目还建议减少家庭的噪声和光污染。如果参试人员不能遵循这些指导方针，该项目建议他们考虑暂时或永久搬迁。

Brown 最后表示，要了解健康的影响，就有必要去做基本公共卫生工作：进行需求评估，获得健康信息和有关化学品信息，识别虚伪的暴露路线，并提出减少暴露的建议。

得克萨斯州环境质量委员会的 Tiffany Bredfeldt 的评论

Bredfeldt 是得克萨斯州环境质量委员会(TCEQ)的一个高级毒理学家，她专注于围绕空气质量的人类健康风险评估。她开始注意一些研讨会参与者提出的缺乏数据的问题，表明是由于地质和气象条件的差异，公共健康问题很可能具有特定区域性。她还指出，规程需要数据驱动和针对社会需求。

她描述了她工作的 Barnett 页岩区，因为高度城市化有很多空气监测站。为了评价页岩开发的影响，Bredfeldt 指出，得克萨斯州增加了每个成本约为 25 万美元的移动监测站，以及耗资 7.5 万～12.5 万美元的罐采样器。她指出 Barnett 页岩的快速发展：当 TCEQ 第一次开始思考对空气质量的影响时，有不到 1000 口的 Barnett 气井，现在有超过 15000 口。Bredfeldt 表示，TCEQ 曲线图显示：尽管臭氧水平高于健康水平线，但在过去的 20 年里，即使天然气井的数量大幅增加，该地区臭氧水平并没有随之增加。苯浓度远低于担忧的水平，也没有随着页岩气井的增加而增加。

她确定了一些特定场地问题。例如，2007 年之前，在 Longview 的苯浓

度在过去的十年里，超过了 TCEQ 设置为关注级别的 1.4ppb^①的水平。移动
监控识别了作为单个井的排放源。通过单井数据显示，2008 年，苯浓度被
恢复到低于担忧的水平。7000 个 TCEQ 巡逻直升机可以通过红外摄影识别
挥发性有机化合物，已发现 88 例的排放引起了强烈关注。

　　短期监测成果表明，金属羰基合物、氮氧化物和硫化合物没有超过短期
暴露关注的水平，以及少于 5%的挥发性有机化合物罐样品超过了短期的在健
康或气味方面的关注水平。Bredfeldt 认为，TCEQ 响应投诉，最常见的是关
于气味，但有时是流鼻涕或喉咙沙哑，而来自于特定设施附近有不遵守规程
历史的区域的投诉会在 12h 内把 TCEQ 人员带来现场进行测量，并获得投诉
的细节。这种方法非常有助于找到问题的根源。

　　Bredfeldt 指出，TCEQ 与美国卫生和人类服务部合作的一项关于 Dish 镇
的研究中，收集了 28 个人的血液和尿液样本，以寻找具有生物标记物的挥发
性有机化合物。TCEQ 没有发现足够高的浓度来得出问题的结论，特别是挥
发性有机化合物方面。

　　TCEQ 经验表明，几乎所有的已知的记录问题源于人类或机械故障并被
迅速得到修补，本来是可以通过部分运营商加强努力避免的。所需的纠正措
施通常包括更换磨损的垫片、关闭打开的舱口、修复被卡住的阀门。TCEQ
已从事运营商的外展服务和教育，以避免天然气井选址暴露风险的最佳管理
实践的形式，并制定了新的规则。这些连同其他许多的信息在 TCEQ 网站是
可获得的，TCEQ 公众教育成果还包括开放机构。Bredfeldt 应邀参加研讨会
去探讨 TCEQ 网站以了解进一步的详细信息。

问题和讨论

　　参与者的问题和评论涉及了几个议题的讨论，主要包括测量和方法论问
题、流行病学知识的质量、得克萨斯州 Dish 的案例、行为变化。

　　(1)测量和方法论问题。在 Brown 的项目研究中回答了关于化学物浓度
的变异是否可能是由于烹调等家庭活动造成的问题，Brown 回答，24h 内每
隔 1h 和多日中每日做出测量，监测顾及家庭活动，并通过在内部和在家庭以
外的时间检查可变性，来确定其来源是内部或外部。

　　一名参与者提出，在华盛顿郡抑郁症的高危报道是否可以归因于高的失

---

　　① ppb 表示十亿分之一。

业率、贫困或其他原因。Brown 回答，华盛顿郡并不是一个低收入区，并补充说他的项目包括每个人的有关社会和经济压力的扩展信息，并将这些问题梳理出来。另一位参与者指出，华盛顿郡的数据来自参加了一个门诊的人，他们可能比普通居民更容易患抑郁症。Brown 表示，该样品还包括一批驱使患者到门诊的人，并补充道，他的项目打算考虑这种比较和深入了解其他的可能来源。

讨论中的另一焦点为 Brown 利用国家人口参考值存在的争议，这些人口面临压力，正经历着化学物质和细微颗粒的联合困扰。他指出，众所周知的是细颗粒与化学物质的协同作用。因此，当细颗粒物存在时，一般参考值不是很有用。他担心依靠参考值，专家可能在告诉那些有明确症状的人们没有生病。

(2)流行病学知识的质量。在回应质疑是否有足够多流行病学研究佐证有关页岩气开发的公众卫生影响(不仅是一般人，特别是儿童)时，与会者表示他们也不知道。RFF 的 Krupnick 表示，宾夕法尼亚州的 Geisinger 卫生系统正与 RFF 合作检查参试人员的健康数据并进行筛选研究。他相信 Geisinger 卫生系统正在与约翰·霍普金斯大学的研究人员进行的一个重要的流行病学研究合作。另一个参与者强调在人口暴露之前启动一些公共卫生研究的必要性，需要密切注意随着时间变化的人口和工作者的健康状况。

Goldstein 提出有关主管部门支持好的流行病学研究的意愿的问题。他指出，由总统奥巴马及马里兰州和宾夕法尼亚州成立的 52 个成员的页岩气委员会，没有任何健康背景，尽管有良好的环保组织参与，但没有健康组织的代表出席。尽管有许多州和联邦的政府部门，但没有卫生部门出席。他认为，科学家都愿意做研究，这样的研究是可行的(例如，Geisinger 系统和其他团队能够比较有无页岩气发展的地区的健康状况)，以及科罗拉多州提供了一个健康影响评估的良好开局，但没有能够完成。Goldstein 对这种研究的潜在资助者是否愿意让他们完成表示怀疑。

(3)得克萨斯州 Dish 的案例。一些与会者问及 TCEQ 未能找到得克萨斯州 Dish 严重暴露的证据，在那里有过多次投诉。Bredfeldt 表示，TCEQ 在 Dish 没有无处不在的监视器，猜测到很多关注归因于讨厌的噪声和气味等骚扰因素。Petron 回应她的研究小组有关于 Dish 的数据，提出一些卡车停靠点非常接近市政厅和游乐场。她指出，在 Dish 看到 5 年来最脏的卡车停靠点，她提出与 TCEQ 合作和共享测量工作。她表示其团队的夜晚测量监测到一组高水平的有毒化学物质，她表示需要更多的暴露评估的关注。

Bredfeldt 表示，共享和比较这两个团队数据的兴趣，她还重申了 TCEQ 的数据不完整。

　　一个互联网与会者询问是否缺乏关于得克萨斯州页岩气开发会增加空气污染物的解释，尽管页岩气开发在那里有很大的发展。Bredfeldt 回应称，得克萨斯州已在很长的一段时间开采石油和天然气，因此该州具有安全制定和实施这些技术的最佳战绩，而存在的最大问题是用户错误且在运营商在意时不会发生，并且该州的监测范围足够广泛可以检测到排放。

　　(4) 行为变化。Brown 在回答其客户的问题，即他们对改善其健康前景的信息的接受程度时指出，他们没有监控到参试人员是否做了修改建议，他认为一旦他们对健康的项目有信心，他们就会关注。他打趣指出，比如他们买了一间房子，会尽量过滤家里的空气，或当他们进入房子时脱下鞋子等，但他补充到，要做到这些变化，你必须亲自告诉他们。他表示他的项目计划将对行为变化问题进行长期随访。

（翻译　周　创）

第6章 页岩气开发的生态学风险

报告人：Zachary H. Bowen、Aida Farag

美国地质调查局

Bowen 是美国地质调查局(USGS)柯林斯堡科学中心生态动力学部门的主管。他首先向促成其报告内容的联邦机构和其他地区的合作者致以感谢，他的报告基于非常规石油和天然气开发的普遍调查，而不仅是水力压裂开采天然气。他强调了由于沉积作用导致的生态系统的多样性，并指出在过去的一个世纪里，许多地区都已进行了石油和天然气的开发，那里可能或正在发生新的沉积作用。

1. 陆地生态系统

页岩气开发对陆地生态系统产生的直接影响包括栖息地的搬迁、装备撞击引起动物的意外死亡、入侵物种的引进等，最典型的当属入侵植物，因为土壤变动或人类活动可能将种子引入本土。间接影响可能来自卡车和建设活动产生的粉尘、噪声、光线等，开发区域野生生物物种的逃离，以及更大程度上能够改变栖息地用途的生态环境破碎化。最终的关注点是影响生存或繁殖成功的生理变化。日益增加的油气开发活动会产生累积效应。

Bowen 表示，地表扰动很容易被量化，而且现有的一些研究方法能够测量和估计其效果。其中包括空间分析(绘图和估算发展模式)；基于物种族群数量变化的建模、行为反应和栖息地建模；栖息地和物种分布的脆弱性评估；在更大的地理范围内考虑物种多样性和造成变化的多重驱动因素的区域生态评估。分析家逐渐意识到增量式发展的重要性，在某些特别的井口影响远不止此。Bowen 阐述了一些测量地表扰动时的困难，原因包括同一井场不同井点的类型和分布程度不同或单一的井场与其他多个井口相连，这常常会比单一井场本身产生较大的地表扰动效应。他指出，可再生能源的发展，例如，风能也造成了巨大的地表干扰效应，但目前几乎没有对这方面的测量研究。

　　Bowen 用一些最近的研究解释了陆地生态影响的研究现状。一项关于天然气开发对怀俄明州骡鹿栖息地影响的研究表明(Sawyer et al., 2006)，骡鹿逃离了井场和道路的周边地区，迁入它们以前从未生活过的地区。进一步的关于迁徙路线、冬季牧场和繁殖成功率影响的研究被用于考虑缓解这一影响。关于西部的其他研究已经对艾草榛鸡的栖息地进行了思考，该物种已被列入美国国家濒危物种的名单中(Knick et al., 2013)。这一研究量化了艾草榛鸡躲避人类发展区域的程度，包括输电线路和管道覆盖的地区等。其他涉及地形变化的研究，对感兴趣的物种使用基于模型的栖息地适宜性的预测方法，进一步绘制生物脆弱性的地图。区域生态评价考虑了更大规模的影响，并针对地图的发展考虑绘制感兴趣物种的集中程度。他强调干扰的位置对于生态影响重大。

　　Bowen 简要描述了其参与的一项在流域尺度内对水质的研究。调查发现，837 个受调查的水域都潜在地受到页岩气开发的影响，只有 153 个有充足水质数据的水域还待进一步观测。这一发现表明，现有的用于评估某些区域页岩气开发对水质影响的监测站，网络覆盖范围还不能广泛用于得出一般性的结论。

　　Bowen 通过如下几点进行了总结：①页岩气资源的分布和用于开发这一资源的方法决定了地表干扰的可能性；②栖息地的需求和对开发行为的反应具有物种特有性；③物种的响应必须是已知或可以经过估计得到的，可用于预测开发的影响，但是种群数量的反应很难被准确预测；④物种、种群或生态系统的脆弱性对于开发的可能性，通常是通过评估受调查的重叠区域和优先考虑受影响物种的敏感性进行衡量的；⑤区域生态评估检查了多种自然资源，这可能有助于识别优先性，因为我们对于物种的响应了解得比以前更多。

2. 水生生态系统

　　美国地质调查局 Jackson 野外研究工作站的站长 Farag 是一名鱼类生物学家，当谈及水生生态系统时，她指出，某些阶段的水力压裂引起的水循环会影响这一生态系统。她曾经记录了一段水力压裂对水生生物造成影响的历史：基于联邦水清洁法案的国家污染物排放淘汰制度包含一个准许程序，对于可能进入地表水的排放，排放者被要求检测废水对水生生物的影响，以决定这些水是否可以直接排放。页岩气的开发会直接影响水量、水质及穿透盐层的渗透物和采出水中的微量有机化合物的踪迹。间接的影响包括采出水对溶解吸收系数、河水顺流而下吸附水的能力、溶解固体和微量金属的效果的影响，以及流动系数的改变和季节性循环等，这些影响减少了栖息地土地的多样性，增加了非本地物种。

Farag 利用相片插图解释了对水生动植物的影响，并报道了一些研究中的发现。她指出，在某些情况下采出水对农业是有用的，但对水生生物却是有毒的。这一影响的工作评估开始于实验室然后才转移到实践中，而且从个体研究发展到群体研究效应。实验室研究和实地调查及个体和群体影响的交叉领域是毒性机制，例如，对离子霉素的影响，酶效应及对雌性激素和雄性激素接收器的影响。毒性的阈值在刚开始是基于实验室研究设立的，然后就被实际背景中的研究发现所取代。肯塔基州一项关于鱼类死亡的研究说明了暴露的组织学和生理学的影响。这些研究首先使用本地生物和报告未经处理的排水中物种存活率进行流域研究，近来已经开始对开发站附近的湿地卤水污染和饮用水中的化学物质进行研究。尽管这些研究没有调查生态影响，但此类研究仍可以在今后实施。

Farag 用以下几点总结了其观点：减轻对地表的干扰可以维护水生物种栖息地的多样性；一个科学完整的方法需要平衡利益和潜在毒性之间的关系；在个体层面上定义毒性的机制研究可以提供解释，在群体水平上还可能提供早期预警；设立毒性阈值之后进行实地调研可以丰富对这一阈值的理解；长期的水质监测数据对于评估水生生态学的影响是必不可少的。

宾夕法尼亚州立大学 Margaret Brittingham 的评论

Brittingham 是一位来自宾夕法尼亚州立大学农业科学专业的野生动植物资源的教授和专家，她的研究方向包括栖息地破碎化对鸟类数量的影响。她讨论了一些出现在美国东部的生态学问题。Brittingham 指出，在美国东部，特别是在宾夕法尼亚州，页岩气开发地区和核心林区几乎完全重叠，这些森林有着很高的生态价值。她特别指出新热带区的迁徙类鸣禽的种群数量对于控制森林昆虫和其他生态问题以及两栖动物的生态重要性。例如，占世界总量 18%的猩红比蓝雀生活在宾夕法尼亚州。她表达了页岩气开发的目标和以保持物种数量的方式对栖息地进行恢复建设研究，因为保持这些物种比恢复它们容易得多。

Brittingham 指出与西部相比，天然气井极大地改变了东部地区的地形，而且深层天然气开发的生态影响与浅层气开发相比存在很大不同。她认为，每个天然气井大约占地 0.25acre。与深层天然气开发的工业类型相比，森林植被恢复起来相对容易，深层天然气开发使用的土地加上其他对当地环境的干扰平均覆盖 6.7acre，有时会多达 50acre，偶尔出现的大量积水未列入其内。栖息地破碎化模式与深层页岩气开发有很大不同，如道路变得更宽。干扰的程度可以由建起来的井架数量来表示：2005～2011 年，宾夕法尼亚州建起了超过 2350 个井架，一半建在了农田，另一半建在了林地，其中约 1/4 建在之前未被破坏的核心林区。对某些物种而言，它们将充当散布、入侵或狩猎的通道。例如，一项在阿尔伯达省的研究发现，管道和道路增加了狼对驯鹿的捕杀，走廊的宽度可能决定生态效应。

　　Brittingham 引用了宾夕法尼亚州布拉德福德县的一项研究现，由于管道铺设引起的核心林区(从边界算起超过 100m 的森林)消失的速率是全部森林损失率的两倍。修建道路也会造成类似的影响。近期的一篇综述性文章(Northrup and Wittemyer, 2013)提供了关于能源开发对野生动植物影响的综合性总结，并指出这些研究主要的关注点：栖息地破碎化、物种平衡(支持栖息地物种的全面发展而非特定物种的发展)、入侵物种的扩散、对敏感型栖息地的侵扰，以及对生物多样性和生态系统功能的负面影响。到目前为止，她的研究团队的研究结果显示了森林内部物种的减少及与人类有关的物种增加，而早期的连续性物种则没有变化。入侵植物出现在超过 60%的被调查土地上，它们的出现依赖于道路的使用。一些地区变得更加干燥或更加潮湿，影响了两栖动物的栖息地及流水侵蚀和洪水的模式。由于井场的建设和附近持续工作的压缩机泵站，使噪声和光线变得更加强烈，这些都会影响鸣禽的领土和一些野生动物物种的繁殖成功率，尽管有一些益处但也失去了很多。

　　Brittingham 提到了东西部地区的一些明显的非生物差别对生态影响的意义。东部地区的很多开发都发生在私有土地上(宾夕法尼亚州 93%的土地属于私人土地)。土地所有者通常缺乏国有土地者用于计划的资源，且政府也不能控制私有土地上的道路布局，即使他们知道哪种布局能够最小化对生态的影响。而且，表层土地所有者常常不能占有地下矿产资源。与西部的情形相比，这些因素增加了风险和不确定性。她也指出，宾夕法尼亚州的许多井场仅有一两处井口。之所以出现这种情形是由于公司需要用一些生产活动来维持他们的租约，这也表明对栖息地的破坏还将持续数年直到完全开发完毕。在宾夕法尼亚州，只有 16%的土地被回收利用，而且大多数被改造成草场而非森林。

　　Brittingham 通过对其陈述进行总结梳理出下列科研需求：不同的物种和种群变化阈值的研究、物种响应机制(逃离、死亡、生殖中断)，以及恢复方式(包括开发的同时进行生态恢复)。

问题和讨论

相关的问题和评论揭开了一些讨论的议题,以"收集基准数据、影响生态系统的可能因素、生态效应对决策的建模及阿巴拉契亚地区的生态重要性"为题进行了如下报道。

1. 收集基准数据

一位参与者问到是什么触发了在东部页岩气开发中占主导地位的私人土地上的基准数据的收集,担任页岩气开发的能源咨询委员会的秘书一职的Tierney 建议,在天然气开发过程中的触发过程被用于收集基准数据,类似于州政府在开发过程触发环境审查。Brittingham 补充提到州立基金监督机构,但目前没有系统地观测生态发生的变化。

2. 影响生态系统的可能因素

一位参与者问及是否调查了包括道路、小路、管道等在内的带状物对特定物种累积效应的决定影响。Brittingham 指出,宾夕法尼亚州立大学的研究员正在开发占地 3mi×3mi 的地块的破碎指数,自然保护协会也开始寻找不同规模的地块来制定测量的方法。Bowen 补充道,美国地质调查局正在试图开展包含了所有受干扰的资源在内的地区生态评估,但是由于存在知识上的缺口,目前许多的想法仍然需要确定用于保护特定物种的缓冲区的尺寸。

针对页岩气开发和气候变化共同对生态造成影响这一问题,Brittingham 表示这是一个重要的监测点,特别是在宾夕法尼亚地区,因为对于许多北方物种来说是在山脉的南部边界,而且对一些有害的树木害虫来说也处于压力的边缘。为回答每单位的深层气体生产是否与浅层气体生产不同这一问题,Brittingham 指出地形的变化在结构上造成很大不同,更不用说开发规模的不同。

3. 生态效应对决策的建模

一位参与者表示自然保护协会正在开发一个帮助公司定位他们的站点的模型,这一模型允许他们注意栖息地事项而非仅仅注意生态因素和管理限制。这位参与者提问道科学是否已经发展到能利用模型处理地区规模的生态问题。Brittingham 表示,对于允许按比例增加,我们已经了解得足够多,但尚不清楚在管道走向方面企业的灵活性如何，公司是否会共享管道及其他关于生态影响的大规模问题。她指出，随着情况了解的深入，正在逐步修改构建的模型。

美国土地管理局的 Winthrop 表示，其所在机构的地区生态评估审查了大面积区域；作为对这一尺度大小的说明，一个这样的评估是整个犹他州东部。评估考虑了特定的生物、物理条件和变化因素，可以确定石油和天然气的开发的主租赁计划和设定条件的租约之外需要保护的领域，例如，通过要求分阶段开发，考虑各种类型的价值。在犹他州，这些价值包括景观价值。

4. 阿巴拉契亚地区的生态重要性

在回答关于阿拉巴契亚地区与地球上其他地区相比的生态重要性时，Brittingham 指出，有一种阿拉巴契亚式的思维模式，她表示这片地区对全球生态具有重要意义。他指出，其关注世界范围内的两栖动物数量的减少，阿拉巴契亚流域是火蜥蜴分布的核心地带；同样，新热带鸣禽类候鸟也依赖于这片地区和加拿大的北方针叶林，然而，目前针叶林也遭到了破坏。

（翻译　宋忠惠）

第7章 页岩气开发对气候变化的影响

报告人：Richard Newell

杜克大学

Newell 是根德尔研究所能源与环境经济学教授和杜克大学能源署主任，并且是 Gendell 能源与环境经济学教授，杜克大学能源项目主任。他曾担任过美国能源部(DOE)下属的美国能源信息署(EIA)署长。Newell 将他的汇报命名为页岩气开发对气候变化影响的首次探讨。该汇报并没有考虑页岩气开发所带来的其他危害或者与能源技术所带来的危害进行对比。他主要回答了一个问题：与页岩气开发有关的温室气体排放，对生产者、政策制定人、装备制造商和个体消费者有关的决策启示。统计工作主要包括全生命周期温室气体排放的评价和行业焦点的跟踪(例如，对比页岩气开发与发电等其他具有特殊目的技术所产生的温室气体排放量)。Newell 表示，为了说明这个问题，随后将对比考虑政策变化和不考虑政策变化之间的区别。

1. 温室气体统计

Newell 指出，可采用的资料包括国家排放基准统计、EIA 数据、学术界和民间组织的研究、全生命周期分析技术，诸如 EIA 年度能源展望和国际能源署(IEA)能源建模预测计划。EIA 模型包括参考案例等，分别代表不同的油气前景。大储量案例(包括致密油开发)是基于参考案例的页岩气开发的两倍。相同地，国际能源署提供了全球油气开发远景，该开发远景包括一个全球天然气开发急剧增长的案例。

Newell 补充道，美国天然气的使用可以粗略地划分为三个方面，分别是发电、工业、商业或居民用途，包括发电在内每一个方面都有替代能源。2011年，天然气排放约占美国二氧化碳和甲烷排放的 26%。全球范围内，页岩气可以增加 40% 的技术可采储量，然而，在现有的开采成本和销售价格情况下，经济可采储量却很少。目前，所有页岩气的开发都集中在北美洲。如果不考虑其他国家的兴趣、勘探和开发，实际产量并不多。在 2005 年以前，美国的页岩气产量为零，现今份额已经达到 35%，在相同开发趋势下 2040 年将会增加到 50%。这种发展趋势将会导致当前天然气实际价格的大幅下跌,同时 2040

年以前天然气的预期价格将会更低。

页岩气开发对气候有直接和间接的影响。低廉的价格使天然气成为煤、油、可再生能源和核电等的替代品，因此天然气将会影响这些能源的消费水平，这些能源的温室气体排放相对于页岩气来说有高有低。低廉的价格也会导致全球能源价格的降低，从而增加全球能源的消耗。综合上述影响，二氧化碳和甲烷的排放共同（来源于开采和燃烧过程）对气候产生了影响。政策也会通过影响排放标准、技术和生产过程，进而影响上述问题。

Newell 注意到，在一个复杂的系统中模拟上述影响因素需要一些假设。他指出，在美国的经济结构中，燃气费用占能源支出的 13%，占整体经济的 1%，这意味着低廉的天然气价格会增加国内生产总值（GDP），但是不会增加很多。Newell 表示，能源替代（用天然气替代其他能源）很可能会控制能源的总需求量。能源总需求量主要受人口增长、全球经济增长和制造业与服务业所占份额的控制。价格的影响在经济模型中表现为需求弹性：总需求量由消费的增长和价格的降低共同决定。EIA 模型揭示了天然气价格变化所引起的总需求量变化很小（天然气价格降低 10%，对于能源总需求量增加小于 0.1% 或 1%），但天然气需求量却与价格息息相关，低、中等天然气需求量变化为居民或商业用途（变化小于 0.3%）；工业用途变化小于 0.5%；需求量变化相对较高的是发电行业（变化量为 1.5%~2.5%）。

在 EIA 模型的大储量案例中，两倍的天然气可采储量条件下，天然气价格相比参考案例在 2040 年降低了 45%。能源消耗总量上升 3%，GDP 相应增加 1%，2010~2040 年，二氧化碳累计排放量下降 0.4%。该模型预测结果显示，天然气替代其他能源会降低温室气体的排放量，尽管降低的比例并不大。Newell 还指出，2040 年以前的预测结果都会得到相似的结论。

基于 2013 年美国 EPA 温室气体排放清单，87% 的温室气体排放来源于天然气的燃烧。非燃烧引起的温室气体排放是一个变量，在过去几年有所降低：Newell 在报告中指出，通过 2013 年温室气体排放清单，1990 年以来上游单位产量的排放量降低了 11%，但该评估值会因为计算方法的改变而出现波动。因此，不同的研究会得到不同的结果，这取决于使用的是哪一年的 EPA 评估清单。

Weber 和 Clavin（2012）大量研究对比了常规和非常规天然气开发过程中由非燃烧引起的温室气体排放的评价方法，通过研究发现了页岩气和常规天然气的巨大差异。Newell 指出，如果在研究中使用最新的 EPA 评价方法，平均排放量将会低于文献中的数值。

综上所述，天然气燃烧引起的温室气体排放量相比煤减少 40%～50%。上游排放量是主要的争论点。Howarth 等（2011）发现了一种异常情况：天然气温室气体排放量比煤要多。Newell 认为这种异常情况有如下几种原因：Howarth 和他的同事采用的是 20 年全球温度升高预测值，而不是常规的 100 年；假设相对较高的甲烷排放率和甲烷全部用于排放而没有燃烧；同时没有注明天然气发电的燃烧效率比煤更高。

2005～2012 年，美国页岩气产量的大幅增加导致煤炭发电量降低了 496GWh。与之伴随的是燃气发电量增加了 470GWh 和再生能源发电量增加了 138GWh，石油发电量降低 87GWh。温室气体排放降低到 1992 年以来的最低值，低廉的天然气价格和煤炭发电管理的加强都是前述结果的原因。以上数据表明，页岩气对煤炭发电的替代程度已超过页岩气对可再生能源发电的替代程度。

EIA 分析指出，到 2040 年大储量案例的累计温室气体排放将会降低 5%。根据经验，如果天然气对煤的取代比核能多，将会有利于气候，这也正是这个模型的初衷。

在居民和商业用途方面，他指出燃气加热比电力加热所产生的温室气体排放强度更低，然而该结果取决于国内天然气的消费地区。模拟结果和实际情况很相似，大储量案例比参考案例的累计温室气体排放低 3%。

在交通运输方面，气动轻型汽车生命周期内温室气体排放量与油动相比降低了大约 10%。与之对比的是重型汽车采用常规柴油动力更加有效，天然气并没有成为替代燃料。工业方面显示了一些相同的变化，但是 EIA 模型分析发现累计温室气体排放略微增加了 0.3%。

2. 国际影响

Newell 指出，模拟结果在国际上影响深远。国际能源署"天然气黄金时代"案例模拟结果显示，至 2035 年温室气体排放比参考案例降低了 3%（International Energy Agency，2012）。这些模型涉及大量替代能源的假设需要进一步验证。例如，美国煤炭出口若能影响全球煤炭价格就会对气候产生影响；如果不能影响全球煤炭价格，就只能通过其他能源来代替煤炭。美国煤炭出口仅占国际煤炭贸易的 5%，因此美国煤炭出口不太可能对全球煤炭价格产生重大影响。

3. 美国政策影响

Newell 总结了美国政策的影响。较低天然气价格可能使得某些气候政策制定变得容易，同时也会使其他能源变得相对昂贵。例如，较低天然气价格导致天然气对煤的取代，从而更容易符合气候变化政策。然而，低廉的天然气价格可能会增加再生能源的相对成本。为了达到降低温室气体排放的长期目标，Newell 指出，在合理的价格下增加天然气的使用需结合碳捕获和埋存技术，从而将其继续作为有竞争力的选择。

Newell 表明，天然气的使用降低了温室气体排放量，非燃烧排放量的降低和燃烧效率的提升将进一步降低温室气体排放。迄今为止，页岩气开发降低了天然气价格，同时也减少了温室气体排放，比可再生能源和核能替代了更多的煤炭。采用现有的生命周期评价方法，天然气的使用相对于煤炭发电，油动私家车和电力加热来说，能更有效地降低温室气体排放。Newell 研究发现，仅仅是天然气的大量使用不太可能会对未来的温室气体排放有重大影响。他认为，政策是关键因素，天然气的大量使用会影响相关政策的制定，从而对温室气体排放产生较大影响。

哥伦比亚大学全球能源政策中心 Jason Bordoff 的评论

Bordoff 是专业实践教授和哥伦比亚大学国际公共事务全球能源政策中心主任。他曾在白宫国家经济委员会和环境质量委员会工作。他强调，影响气候的关键因素包括有多少天然气可供使用、替代能源是什么、美国及全球的供应增加导致的需求效应如何，以及从气候变化角度来讲有多少优质的天然气。

每一项数据都表明页岩气将继续蓬勃发展。美国最新的预测储量比之前增加了 26%。Bordoff 认为，新的预测结果将会继续有惊人的发现，但是仍然存在页岩气井产量递减和采收率不确定性的问题。自 2005 年以来，天然气对煤的取代和风能的开发是美国碳排放减少 12%的主要原因。

Bordoff 指出，天然气对气候的影响主要体现在能源的替代效应和天然气供应的不断增加导致的需求效应。Bordoff 与 Newell 观点相一致，他们认为即使温室气体排放的降低也不会解决全球变暖问题。Newell 的大量天然气供给案例的幻灯片中显示温室气体的排放仅减少了 0.4%。Bordoff 猜测压裂井既产气也产油，原油的生产抵消了部分天然气产生的效果。

Howarth 等(2011)关于甲烷排放量的研究结果通常被认为是异常情况。大量研究表明燃气发电的碳排放大约是火力发电的一半；近期 EPA 公布的环保完井方案将使这个比例继续下降，虽然在输配过程中仍然存在大量不知道的排放。尽管如此，资源泄露如甲烷排放也可以在相对较低的代价下进一步降低。总的来说，美国页岩气对气候变化产生了有利作用。

在国际层面，Bordoff 指出天然气对气候的影响依然主要体现在能源的替代效应(无论是来自国内能源还是进口能源)和天然气供应的不断增加导致的需求效应。他认为，中国、阿根廷和其他地方都赋存着大量的页岩气，这些地方页岩气的开发还需要时间，主要因素包括复杂的地质环境、水资源、工厂和交通基础设施、投资政策和人力资源。Bordoff 不太看好欧洲页岩气的开发：一方面因为复杂的地质环境，另一方面因为欧洲页岩气中缺乏有价值的烃类流体。即使页岩气的开发还需要时间，他仍希望全球的液化天然气供给将得到增加。欧洲和亚洲天然气的价格已远高于美国，从波斯湾出口到美国的液化天然气现在可以出口到欧洲，因此预计欧洲的天然气的价格将会下降。如果液化天然气运输到环太平洋地区，当地的天然气价格也会降低，天然气将会替代煤炭。

IEA 的《天然气黄金时代的黄金定律》(International Energy Agency, 2012)研究预计全球温室气体排放将降低 3%，主要依靠天然气替代煤炭、石油、核能，开发可再生能源和增加天然气需求三方面共同发挥作用。Bordoff 指出，建立全球范围内新型燃气发电工厂至少花费 5~10 年的时间。他注意到中国电力需求增长开始减缓，这意味着对新发电厂需求就会降低，与中国不同，美国有许多老旧发电厂需要更换，这使燃气发电更具吸引力。他相信天然气对可再生能源和核能的替代主要是政策驱使而非价格驱使。例如，如果欧盟持续地实施对可再生能源授权许可及核能的补贴，天然气的替代程度将会降低，该替代程度越大将越有利于气候。

总之，Bordoff 认为不断增加的天然气供给对气候有两方面的影响，总体上还是积极的。天然气的影响最重要的不是经济效应，而是使关于气候变化问题的政策成本降低。

问题与讨论

记录员将讨论中的诸多问题归纳为以下几点：成本转嫁给消费者、工业部门的响应、甲烷排放、煤炭发电厂排放的颗粒物质、液化天然气出口、全球经济发展问题及气候对人类的影响。

1. 成本转嫁给消费者

一位与会者发现在某些州天然气的零售价格取决于运输和交货成本，并要求在分析中加入该影响因素。Newell 认为天然气价格转嫁给消费者的比例

变化很大，有时相对较小，因此天然气价格的降低对消费者来说影响也相对
较小。他认为这些因素应该加入到需求模型中。

2. 工业部门的响应

一位与会者发现，尽管工业消耗了 1/3 的天然气，但关于工业天然气市
场效应的相关文献却较少。虽然市场会有短期响应和长期响应，但我们并不
知道其响应程度。Newell 赞同工业替代能源关注较少的观点，他认为部分企
业正在进行国际迁移，还需要分析没有迁移的工厂所带来的温室气体排放量。

3. 甲烷排放

一位与会者提出实际甲烷排放的不确定性比以上发言人给出的不确定性
更大，而且 EPA 数据和有关研究并没有给出不确定性范围。大量研究表明，
许多盆地周围空气的温室气体的排放超过 5%，表明 EPA 的数据可能偏小。
他还发现研究中没有考虑煤炭发电厂的甲烷排放，这对发电厂的温室气体排
放对比有失公平。Newell 认为不同的研究结果存在很大的差异。Bordoff 表示，
EPA 关于甲烷和周围环境的研究都存在方法上的问题。他坚持认为相对较低
的成本就可以解决任何排放问题。

另一位与会者咨询了老井和废弃井的甲烷排量数据如何获取的问题。没有
发言人能回答这个问题，但 Bordoff 指出常规气井中甲烷的排放已经不是问题。

4. 煤炭发电厂排放的颗粒物质

针对一位与会者的提问，Newell 与其他人员对比研究了燃气发电厂和煤
炭发电厂，但没有关注颗粒物质，因为他认为颗粒物质的影响并不大。

5. 液化天然气出口

一位与会者认为液化天然气的出口增加了温室气体排放。Newell 表明，
尽管液化天然气相对管输天然气能耗更大，但不足以超过天然气替代煤炭发
电所带来的益处。Bordoff 指出，尽管存在诸多不确定性，但液化天然气出口
到环太平洋地区很可能有利于该地区的气候。

6. 全球经济发展问题

一位与会者询问了天然气供应和价格对中产阶级人群的影响。Newell 重
申了其观点，全球需求效应并不是最重要的，但是当人们能够负担机动车辆、

家用热水供暖和电力费用时，采用什么样的燃料来满足这些新的需求就变成了主要问题。

7. 气候对人类的影响

一位与会者指出因为天然气和煤炭都是化石燃料，关于谁排放低的讨论有些偏离主题。《天然气黄金时代的黄金定律》报告中所提到的天然气黄金时代并不意味着人类的黄金时代。Bordoff回应称，全球经济增长和贫穷减少也是政策目标，廉价的能源会有助于该政策目标的实现。主持人Tierney指出，没有人明确表示页岩气是解决气候变化问题的方法。

（翻译　雷　宇）

第8章 页岩气开发区的社会风险

报告人：Jeffrey Jacquet

南达科塔州立大学

Jacquet 是南达科塔州立大学社会学系的助理教授，主要从事能源开发对社会和经济的影响。其汇报主要对祸福难分的自然资源做一个概述，分析讨论了 4 种风险类型，并确认了 4 个认知盲点。他指出，尽管社会效应是一个长期过程，但页岩气开发是一个新兴事物，所以大量的相关数据来源于其他能源已有的开发经验及环境污染与科技灾难的相关研究。

1. 自然资源开发的好处和成本支出

Jacquet 指出，提供就业机会和刺激经济发展是自然资源开发的两大好处。自然资源的开发增加了就业岗位和国家税收，尤其是在缺乏其他发展机会的农村地区，但是这些好处是一个短期过程，并且与经济的繁荣与萧条息息相关。而成本支出则是一个更加长期的过程，包括经济的波动性、不稳定性和单一性，更长周期的失业、贫穷和不平等。与其他条件类似但没有进行自然资源开发的地区相比，自然资源开发地区的居民受教育程度更低。世界银行数据表明，燃料、矿石、金属材料的出口量与经济增长速率是负相关的。Jacquet 指出，美国的相关数据也支持自然资源开发不利于地区发展的观点，同时也表明，能源密集型国家的个人总收入受经济周期的影响，而其他国家的个人收入则有更稳定的增长。非劳务收入数据表明能源匮乏型国家存在一个缓慢增长的缺口。369 份经济研究的综合分析表明（Freudenburg and Wilson，2002），在国家收入上，资源依赖型国家与其他国家相比略微有点优势，但就贫穷、失业率和国家整体经济情况而言表现更差。

2. 城市快速发展效应

Jacquet 通过几十年的研究将快速工业化导致的社会风险原因总结包括：紧张的市政服务、较低的生活质量、本地居民的外迁和无计划的土建工程遗留问题。Jacquet 表示，通过资源开发而繁荣发展的城市展现出短期内人口快速增长的现象，这种现象的出现依赖于原住民承受能力、发展速度和资金缓和的有效性。

3. 不平等性

在费用和利益分配方面的不平等性会随着时间推移呈增长趋势。Jacquet 提出，这种不平等性会引发"腐蚀性社会"效应，是由 Freudenburg 和 Jones(1991)共同提出。土地所有者将会得到更多的好处。在一些地区，财产分割(指土地所有者和地下矿产资源所有者非同一人)更会加重这种不平等性，当矿产资源所有者没有生活在该区域时表现得更为明显。Jacquet 补充道，这种不平等性引发的结果包括：激烈的社会冲突、不信任、由此引发的诉讼、不确定性和困惑，还有推卸责任和对既得利益者的仇视。一般来说，社会冲突比环境影响更加糟糕，社会决策将遭到阻碍，人与人之间的沟通遭到破坏，理性的事实由于无休止的诉讼更难得到裁决，并且人口外迁和撤资长期发生。大量社科文献指出，在费用和利益分配方面的不平等性影响着人们对风险与危害的认知、对资源开发的态度、对公平的认知，以及对社会的信任。

Jacquet 于 2012 年对宾夕法尼亚州的土地所有者进行了一项调查发现，在已经进行气田开发的土地所有者中，有 60%认为气田开发会使社会变更糟糕，而在没有进行气田开发的土地租赁者中，他们的观点有分歧，只有已经进行气田开发的土地租赁者认为气田开发会使社会变得更好，对环境的态度一般也会影响他们的判断。

4. 被污染的社区

一些社区被指责已经遭受了污染(不考虑实际的污染水平)，例如纽约的 Love Canal 社区和宾夕法尼亚州 Mile 岛附近的区域。相关研究表明，社区污染对居民外观形象和主观幸福感有极大的影响(Edelstein，1988)。Jacquet 认为，这样的谴责在许多页岩气开发地区都表现得很明显。

5. 压力

污染对公众健康的影响往往难以引起社会学家的重视，但对具有强大地域特点的观点是有影响的，例如，住在什么地方、在社会中扮演的角色，谁在我的社交圈中？一份 20 世纪 70 年代关于美国怀俄明州 Gillette 公司的研究表明(Weisz，1979)，普通居民在心理上都感觉到有较大的生活压力，尽管这里并没有环境污染，一半的居民在这种压力下身患疾病，相对而言没有这种压力的情况下只有 9%的居民身患疾病。Jacquet 补充认为，科罗拉多州 Garfield 县气井钻探地区的人们受到这种压力的影响最大。阿拉斯加港湾漏油事件影响地区的许多公民都经历了创伤后应激障碍综合征。

Jacquet 在演讲的结尾部分指出,页岩气快速开发的风险广泛存在,并且会影响社会、心理及经济体制。本质上这些风险是长期的,并且对不平等的认知是一个主要的压力来源。他强调这种认知是现实的,因为这种认知引起了人们的压力。

Jacquet 分析讨论得出了 4 个认知上的盲点:①创造的财富会流向哪里?我们都知道会创造财富,但是我们对这些财富有多少甚至是否能留在这些地区知之甚少。②如何测量压力的大小和影响?我们知道社会变革会产生压力,但是与人们现在正在经历的其他压力相比,我们不知道这种压力的大小,而且它对健康、社会矛盾和经济发展的影响也是未知的。③污染社区出现的不平等性、撤资指责、居民迁移等问题产生的长期影响是什么?如何克服这些负面影响?④长期发展的规划是什么?举例来说,社会是否应该为这种快速的繁荣与萧条制定应对计划?Jacquet 总结到,政策目标的制定需要考虑这些问题,并进行纵向分析,借鉴前人的研究,进行合理规划。

康奈尔大学 Susan Christopherson 的评论

Christopherson 是一名经济地理学家,同时是康奈尔大学城市规划专业的教授,她的研究方向包括老工业基地的经济发展、马塞勒斯州页岩气开发的影响。她认为,科学知识的应用需要考虑社会影响。她强调几乎没有学者研究页岩气开发对当地社会的影响,这个主题非常有争议性,无形影响的考虑也是非常重要的。她提出在很多研讨会上听到过一句同样的话,并认为这句话非常重要:风险远远不只在井场。她还引用了货运、采矿及与页岩气开发无关的其他工作的风险性,并指出美国 27 个州都有被页岩气开发所影响的区域。然而,尽管费用会集中在部分地区,但是利益,尤其是在目前这样较低天然气价格的情况下,将会被分配到所有人身上。

Jacquet 认为,目前得到的认识主要基于农村地区已经发生的实例,表明页岩气开发的长期效应总体上来说是较差的,Christopherson 对此表示赞同。然而,27 个州中许多页岩气开发区并非都是农村地区,而且这些地区的长期效应也可能是不同的。

她指出,这些有效信息主要来源于案例分析,但案例分析并不能提供最有说服力的证据。社会的某些方面可以定量衡量(如犯罪数量),但其他重要方面根本不能合理地衡量。其中就包括页岩气开发阶段的划分,每个州都有自己划分方法,难以统一。另一个问题就是页岩气开发对财政的影响,这就需要了解谁拥有土地和矿权及他们住在哪里。宾夕法尼亚州立大学的学者最近研究表明，在往外租赁并获得租金的人中，只有25%的人生活在他们出租的地区。因此，Christopherson总结到，经济数据并没有指出经济上受益者和承担风险者。

对已存在产业，尤其是对旅游业和农业的影响似乎是消极的，但是并没有详尽的评价。在某些地方(道路、专业的应急设施、公共安全和犯罪控制、行政和监控成本、卫生保健)，长期公共开支似乎很重要，但是换句话说，它们不全是好的数据。另一种无法衡量的风险类型是地方控制问题。例如，在纽约，出于对州政府和工业的不信任，许多社区都采取了行动，通常是通过开发来延期偿还。Christopherson总结到，尽管广泛的页岩气开发会通过许多种不同的方式进行管理，但都需要通过比较数据来衡量这些方式的优劣。

问题和讨论

与会者关于主题提出的问题与讨论主要可以归纳为以下六个方面：对迁入者的影响、对社区健康的影响、对社区生活水平的影响、社区与工厂的关系、"社会资本"及适应力，以及最佳可行方案。

1. 对迁入者的影响

一个与会者提问关于外来居民在渔业与狩猎业上对野生动物造成的压力。Jacquet表示，尽管目前难以得到准确的数据，但是仍可以对新增工人数量做出假设：这些工人绝大部分都是年轻的男性，大多数来自城区，而不是目前他们所处的工作环境中。Christopherson用其他方式指出，这些新输入的劳动力与当地居民有很多不同之处。例如，在宾夕法尼亚州，当地医院需要雇佣一些西班牙语翻译来接待有墨西哥背景的外来劳动者。她指出，当地政府如果明白他们面临的挑战和需要哪些花费，他们能做出更好的应对措施。

2. 对社区健康的影响

一个与会者提出，想得到这个行业工人的卫生统计学数据几乎是不可能的，因为许多工程存在大量转包的情况，所以很难确定工人的数量。关于这个观点的另一种评论是在这些受影响地区的健康状况主要与压力有关，但很难判断其准确性。例如，一个饱受神经问题摧残的工人很难得到全面诊断，因为不可能准确得知这个工人到底接触过哪些化学物品。他补充到，一些很严重的健康问题来源于意外事故，而这与压力无关。另外，还存在一些与压力有关的案例，例如，家庭关系的破裂，一般不会汇报。 Jacquet 赞同健康问题一些是由污染引起的，一些是由压力引起的，但是并不知道每部分所占的比重，以及它们的总和。Christopherson 补充认为，需要收集联邦数据。她指出，目前职业保健和安全管理机构还没有介入，这也是为什么目前关于这些工人所面临风险的信息甚少的原因。

3. 对社区生活水平的影响

一个研究宾夕法尼亚州问题的与会者指出，当地社会是分裂的：人们失去了自己的社交网络，而许多没有离去却有离开打算的人正是当地社会最需要的。他补充道，其研究的页岩气开发区的学校出勤率已经下降。

4. 社区与工厂的关系

一个与会者提问到，当这个工厂的企业很小，矿产的所有者并不在页岩气开采社区时，社区如何处理与工厂的关系。Christopherson 指出，有些营业企业与社区的关系就很融洽，他也好奇居住在得克萨斯州社区的雇主与公司的关系是否优于东部。

5. "社会资本"及适应力

一个与会者提问是否有研究将社会资本、社会适应力和应对灾难的反应纳入到社会应对页岩气开发的风险工作中。 Jacquet 表示，尽管需要通过对过去的研究吸取教训，但总体来讲，这些工作还没做。一些研究试图从以往经验中吸取教训，甚至是从其他类型能源的开发中吸取经验，但只是接受了批评，并没有推广形成概念。他指出，由 Freudenburg 和 Jones (1991) 提出的"腐蚀性社会"已经大体上成为了一种过时的观点并且需要重新考察。

6. 最佳可行方案

一个与会者建议美国长期的油气田开发历史可以提供有益的经验，从那些声称已经做得相当不错的地方汲取经验，制定最佳的政策去应对对社会造成的消极影响，提前发现问题，并且分享利益。例如，用新兴产业的税收来发展教育和其他的地方公共服务。Christopherson 认为这种说法是可行性的，尽管每个州之间都有重要的区别：在怀俄明州，税收归州政府；在纽约，税收归地方。Jacquet 指出，20 世纪 70 年代西方能源大繁荣之后，州政府都调整了其能源政策，带来的显而易见的结果是减少了新的大繁荣带来的负面影响。他补充道，美国东部的州政府还没有这种经验去调整他们的政策。

针对地方社区有没有成功的案例的问题，Jacquet 回答称有时候会出现回升：在犹他州的一项纵向研究表明，在大繁荣时期居民生活质量下降 20 年后有所回升。然而，他不能把这个例子定义为成功案例。Christopherson 指出，合理的预算和完善的发展规划是限制不良社会影响的最好策略，但是她也承认这些开发经常发生在政府缺乏运作能力和准备的情况下。许多农村的页岩气开发区的镇长都是志愿者，手下的工作人员也都是无偿的员工。她说，如果政府有更强力的运作能力，社会就会有更好的条件去应对这些风险。

一个与会者问能否通过设立油气开发影响基金作为缓解措施，并且想知道宾夕法尼亚州(唯一设立油气开发影响基金来帮助社会的州)是如何做到这一点的。Christopherson 回答道，目前为止，并没有证据显示公共支出和税收或油气开发影响基金有关系。在宾夕法尼亚州，每钻一口常规井，社区会得到 1 万美金；每钻一口非常规井，会得到 5 万美金，而社区反对油气田开发并不会得到任何油气开发影响基金。她表示并没有比较油气开发影响基金和社区实际支出的数据，纽约正在收集一些社区条件的基准数据，如道路情况，但是也有一些协议是由开发企业来维护地方道路。

Jacquet 举了一个积极的案例，20 世纪 70 年代，Chevron 公司在怀俄明州 Evanston 社区快速开发油气田，油气田开发区有 4 个 Evanston 那么大。Chevron 公司建立了逆冲行业协会(Overthrust Industrial Association)去帮助社会，重建警察局，为学校买校车，与当地政府合作，花费数百万美金修建公共设施。他表示，尽管有许多关于社会经济缓和的例子，但是投资与用于保护野生动物的缓解投资相比还是太少，并且通常限于土地所有者或政府的需要。在东部，当一个公司为 4-H 俱乐部捐赠了几千美金，人们对它印象十分深刻，但这其实远远不够。

一位与会者提出，在澳大利亚，采矿权归州所有，他曾经向澳大利亚的州政府和联邦政府建议过，应该从政府的税收中拿出一部分资金建立社会信托基金。他问到，如果建立了诸如此类的基金，其最好的用途是什么。Jacquet 回答道，建立信托基金是一个很好的解决方案，一开始可以把资金用于建设社会的基础设施(下水道和供水系统、学校、卫生设施等)，就如挪威已经采取的措施。这样可以使人们感受到开发为大家带来的公共利益。Christopherson 建议，也可以把基金用于调节经济波动，除了那些被要求必须把当年税收当年花完的地方政府。

(翻译　霍啸宇)

第9章 页岩气开发风险之间的相互作用

报告人：Alan Krupnick
未来资源研究所

Krupnick 是未来资源研究所能源经济与政策中心主任，从事与页岩气可持续发展相关的研究工作。他汇报了一些最近在未来资源研究所里完成的研究成果，即构建了一个风险模型，该模型用于评价工程措施(如水平钻井、返排液和采出水处理)、污染物(如空气污染物、压裂液)、间接影响(如对地下水、空气质量、栖息地的影响)和最终影响(如对人体健康、生态系统、气候、生活质量的影响)。该模型确定了从工程措施到间接影响的 264 个"风险点"，例如，包括车辆活动在内的井场建设，该活动产生了常规空气污染物、二氧化碳、噪声污染、道路拥堵，以及空气质量和社区干扰的中间影响，但没有对最终影响进行研究。

未来资源研究所对工作于 4 类组织中的专家进行了调查，这 4 类组织分别是环保非政府组织、研究型大学、联邦政府和州政府机构及行业公司。该调查访问了最了解这些风险的人，包括 215 个专家(30%的受访者)响应该项目。通过政府或行业行为来降低风险，就要求专家确定最容易发生的风险点，提供 14 类事故及确定最需要解决的风险。通过比较每组受访者提出的前 20 名风险点，Krupnick 认为，该研究对哪些风险点最需要注意达成了共识：12 个风险点在 4 组的前 20 名中都有，表明在这些风险点上可能达成共识，行业组前 6 个风险点与其他组都不同，且都是社区影响，说明该行业对社区影响的敏感性。该项目对风险点进行了一些统计分析，对各州进行了管理对比，并做了一项公众调查，但 Krupnick 所谈到的结论仍然不可用。

具有共识的风险包括涉及地表水的 7 个风险点、涉及地下水的两个风险点、影响空气质量的两个风险点(都与甲烷排放相关)和涉及栖息地分裂的一个风险点，地震不是共同关心的问题。自认为是"顶级专家"的人几乎完全同意其他专家的观点，但他们也担心套管和固井失败，泄漏和事故都会导致地下水污染，这两个风险点是所有 4 组专家所关心的三大问题中最靠前的。

专家通过判断和由概率和结论相乘所得到的最高风险点的相互比较表明，组与组之间存在一些差异。例如，非政府组织专家认为一些风险具有很高的可能性和严重的后果。但 Krupnick 认为几乎没有行业专家能够发现那种类型的风险，他们主要关心低可能性和中等严重程度的风险，不同组织之间的主要区别是在可能性的判断上。在可能性上不同的风险包括下套管及固井失败和事故、蓄水故障和卡车事故。

未来资源研究所也进行了一项地表水质量风险研究，该研究基于宾夕法尼亚州页岩气开发过程中页岩气井和水质监测器的位置来验证统计结果，探寻井流体中的氯化物及总悬浮物、页岩气废物处理和废物处理厂的排出物的影响，研究发现页岩气井对氯化物量的影响不显著，没有迹象表明滤失对水的盐度造成系统问题。Krupnick 指出，这项研究确实发现了废物处理厂中的水氯化物浓度的升高，同时确定页岩气井与固体悬浮物浓度之间的关系。

Krupnick 详细描述了他的团队所考虑风险类型的概念框架，他区分了累积风险(多个风险影响同一活动时，累积风险便会出现)和协同风险(多个相关联的风险共同起作用将会让事情变得更糟，此时协同风险就会出现)。他也区别了规模效应和交互效应，并指出，如果补给足够迅速，流体引起的风险(如水位下降或空气污染)可能就不会累积，但是如果开发速度超过了系统的恢复能力，那么就有可能累积。他提到管道引起的栖息地碎片化就是一个累积风险的例子，因为随着管道数量的增加，栖息地碎片也增加。他指出，这种关系是高度的非线性关系，因为碎片化结果只发生在阈值出现交叉时，非线性影响也会受制度的影响，超过阈值将导致成本的增加及盐水的出现，农作物也无法使用含盐的水。Krupnick 补充道，页岩气生产中释放的甲烷也产生累积风险，潜在的爆炸很可能是一个阈值现象。

风险之间的相互作用包括涉及污染物的化学作用(该污染物可以产生危险，如挥发性有机碳氢化合物和氮氧化合物相互作用产生臭氧)、生理作用(例如，先存疾病的同时爆发)、涉及不同风险的污染物间的相互作用(如地表水位下降与河流污染物一起要比其中一种污染物造成的损害更大)、页岩气和其他物质在环境中的相互作用。Krupnick 指出，降低累积风险也很重要，如回收废水之类的工业活动可以同时从多个途径降低风险，非工业员工(如个人快速远离暴露位置)也可以通过多种途径降低风险。

Krupnick 总结指出，人们对于哪些风险最需要被关注有许多共识，大量的风险我们比较熟悉，但剩下的部分却知道得较少(如栖息地碎片化)，并且急需考虑累积风险效应，而不是单个风险。

耶鲁大学 Charles Perrow 的评论

Perrow 是耶鲁大学社会学名誉教授，他主要研究与结构有关的风险和大型组织、复杂的社会和技术系统之间相互作用的风险。他以页岩气涉及的两个所谓的"破坏性科技"开始进行评论，页岩气带来了创新，产生了新产品，所以对它所取代的东西具有破坏性：它最重要的方面是隐藏在视野之外，且深埋于地球表面，几乎无法预测或监视，污水在地下传播数千英尺并与附近的废弃井以令人惊讶的方式相互作用，如从一个无人所知的井中喷射出 80ft 高的甲烷到空气中。诱导地震活动可能存在，并从附近的井中切断线路和引起泄漏。Perrow 认为，最近美国国家研究委员会的地震风险报告没有考虑该可能（National Research Council，2013）。Perrow 认为，尽管这份报告仅发现一个水力压裂诱发地震的实例，但文献中其他资料包含更多的实例。

Perrow 表示，企业故意隐瞒包括有毒物添加到压裂液中会引起的一些风险。他指出，很多州只需要声明这些都是专有信息可以防止被披露，他认为这种做法使一个房主或一个社区不能证明压裂措施导致水污染进而危害了他们的水井和毒害了他们的家畜。

1. 合适的法规

Perrow 认为，因为这些新企业发展非常迅速，合适的法规往往执行不到位，控制意想不到的制度风险导致的相互作用所产生的风险将非常困难。他认为，大多数法规属于州和地方政府，监管机构在人才配备、员工培训和应对风险的装备方面都做得比较差。同时 2005 年的能源法案免除联邦清洁水法案中的相关规定，这样美国国家环境保护局只能够在有限的法律范围内进行干预，如有毒废物的立法。因此他得出结论，在没有相应的监管机构下，页岩气开发将带来一种新的破坏性。他认为，石油天然气行业的经济和政治力量能够有效地说服州政府放松管理，并且当州政府和县政府也对该行业所带来的经济利益感兴趣时，他们在保护人类和环境方面将处于一个尴尬的位置。他补充道，出于国家的经济利益，一些州的地方政府不被允许禁止和限制页岩气开发。

2. 经济公正问题

Perrow 表示，这个行业的收益分布极其不均匀。他认为，天然气最近几十年获得了约 135 亿美元的补贴，据说石油和天然气合起来每年得到 100 亿美元的补贴。尽管天然气行业是美国最赚钱的行业之一，天然气的税率只有利润的 0.3%，这可能对于任何行业来说都接近最低纪录。他提出的另一个经济公正的问题涉及财产所有人，他们当中的一些人获得大量的签约费和酬劳费，然而没有得到利益的人却必须饮用瓶装水并且生活在有气体爆炸风险的恐惧中。财产值下降（在某些情况下，达到 75%），但缺乏有关损失的完整信息，他认为与损害赔偿的相关规定隐藏了有关损害程度的信息。Perrow 补充到，尽管当地税收收入十分充足，但井废弃之后税收就会在接下的几年里消失，在得克萨斯州和科罗拉多州，政府可以拒绝土地拥有者的申请，以防止在他们自己的土地上进行压裂活动。

3. 甲烷排放

Perrow 表示，该行业以 2%～7%的速率排放甲烷，他引用的一个科学报告表明，页岩气比煤炭污染更严重。他表示公众并不知道准确的甲烷排放量。他也同意其他人所说的甲烷泄漏量正在被修正。

4. 企业文化

Perrow 对通过改变企业文化来减少事故的做法持悲观的态度，他对组织行为的研究表明，企业文化不太可能快速变好。以 BP 公司为例，在公司工程师进行警告之后，阿拉斯加普拉德霍湾的生产设施依然发生了大泄露。而后，两年后的得克萨斯城发生了一起致命的爆炸，这次爆炸发生在公司领导被警告需要增加车间安全措施和相关维护之后。Perrow 还以核电事故作为类比得出两条事实：一是局部暴露的基层人员遭受了大量的伤害；二是政府和一些非营利组织认为放射量太小以至不能检测出放射性，因此他们宣称这对健康并不是一个严重的威胁。同样的情况也发生在压裂过程中。

克拉克大学 Roger Kasperson 的评论

Kasperson 是克拉克大学乔治帕金斯沼泽研究所的一名教授，同时也是一名杰出的科学家。他的研究兴趣包括人、土地和生态系统的弱点，以及减少这些弱点和建立应变能力的方法。他谈到了社会信任和风险的问题，认为有些问题需要进一步的探究，就如同目前还没有与天然气勘探相关的社会信任和风险的文献。政府工作人员和产业工人常认为，由于单位与公众有很好的联系，因此信任并不是最大的问题。然而他指出，过去 50 年联邦政府公信度大幅下降，且下降趋势与州政府和企业公信度变化类似。同时他讲到，目前社会信任度下降到非常低的水平，但天然气迅速的开发及能源系统相关的变革却需要得到高度的社会信任。

Kasperson 讲道，现在人们陷入了非常低的社会信任当中。两年前，如果提出一项新技术可能会立即得到赞同，但现在的技术创新者不能指望获得信任，必须要接受怀疑。他援引 Slovic 的研究成果用于说明增加社会信任的事件比降低社会信任的事件对社会信任度的影响更小。该证据说明一旦丢失信任将很难再获得，现在我们需要从美国历史的新情况——也就是这种非常低的社会信任度出发，逐渐提高我们的社会信任度。对页岩气开发的关注从区域到全球皆有发生，而且信任问题在各个地方都更加严重。他强调不确定性将威胁社会信任，不确定性越大需要的社会信任度就越高。页岩气开发中出现的诸多不确定性将引起低社会信任度下风险管理和不确定管理的相关问题。

Kasperson 得出以下结论：风险承担者对决策者缺乏信任，他们需要在决策过程中发挥更大的作用。他认为信任损失发生在整个美国。页岩气就像低级别放射性废物一样呈现非常可怕的风险，巨大的不确定性及低社会信任等一系列艰难的问题。这些问题导致非比寻常的管理难题和挑战，目前急需各种治理措施。当社会信任度较低时，风险管理和命令-控制管理的常规方法往往不能正常使用。

问题和讨论

与会者针对以上演讲的问题和评论总结如下：Krupnick 的报告、社会信任问题、气候变化问题及解决方案的前景。

1. Krupnick 的报告

其中一个与会者认为，Krupnick 累计风险评估的想法没有考虑社会影响，包括对社区的影响和环境公平问题，认为应该用另外一个术语。他同样强烈反对"事故"一词，认为这些是可以通过更强的安全文化来避免的事情，Krupnick 同意他的看法。

Krupnick 对很多专家关注地表水问题表示惊讶,Krupnick 他本来预期专家会更多地关注地下水,有可能更多地关注地震活动。他提到,那些说自己有最专业知识的回答者,主要关注与套管和固井有关的地表水问题。

另一个与会者认为,尽管有可能达成共识,但专家对最主要风险途径的意见不一定表明那就是监管最重要的地方。他还问到,对最重要风险途径的达成共识是否表明对怎样降低那些风险达成共识。Krupnick 同意第一条,但是指出,每一个回答者要指出他或她认为最需要表明的风险。研究收集了少量有关专家怎样降低风险观点的信息,也涉及是否认为工业界或政府应该承担主要责任的观点。对于已经达成共识的风险,工业界同其他人都认为政府应该承担主要责任,对于没有达成共识的风险,工业界的回答者更支持工业界承担主要责任。

2. 社会信任问题

一位与会者提问是否各级政府都失信,尤其是当地政府是否还有公信力。Kasperson 认为各个地区差异很大。在与当地官员有良好个人关系的地方,信任程度有时候高,但是在一些情况中,对联邦机构的信任要高于对当地政府的信任。对于能源设施风险,当地政府的信任存在很大的地域区别。

另外一个与会者评论,在她所研究的 Marcellus 页岩区的社区中,人们由于更强烈的不信任而寻求当地诉讼。她还提到逐渐升高的诉讼率没有解决不信任问题。Kasperson 说,诉讼在美国非常常见,并且经常两极分化。他认为由于高度的不信任,依赖政治体系的意愿会变弱,在美国,这通常会变成责任案件形式的法律行动。Perrow 补充说,人们依赖法庭是因为已经彼此失去信任,他们希望通过法庭的帮助恢复信任。

3. 气候变化问题

Perrow 持悲观态度,因为页岩气提供了额外的廉价化石燃料,并且 80% 的化石燃料资源必须留存在地下以避免到 2050 年全球平均升温超过 2℃。他认为,通过降低能源价格使中国、印度和其他国家能够更多地使用化石能源,会加速全球变暖。Krupnick 表示,全球变暖和风险问题互相重叠。廉价能源是一个好事,但是不好的地方在于无法在能源价格里内化造成的损害。如果这些损害的结果被内化,能源将不会那么廉价,还是很好的社会福利。且给碳定价将会提高最高碳能源的价格,这将促使可再生能源的开发而不需要政府选择"优先级"。当政府实施碳税收或者其他温室气体减排政策时,燃料成本的节约将带来社会成本的降低。他认为，尽管存在交叉，但指责页岩气造成社会成本和市场价格的不匹配有些过了。

4. 解决方案的前景

Tierney 询问是否有文献或经验能够对这些问题提供指导？Krupnick 回答，任何工业活动都是如此复杂且过去我们也曾处理过，同时，这个子行业还不成熟且技术一直在进步，许多从业人员都表示出积极意愿。他表示，已经处理过纸浆、纸和化学工业的这些问题，也能够解决该行业的问题。Perrow 说他不抱希望，因为该行业的回报结构在成本和收益的分配方面比化学工业更加糟糕，而且更难改变。

（翻译　代　宇）

第10章 研讨会总结讨论

在上次会议结束后，研讨会主席 Small 要求与会者思考他们认为最重要的风险，并确定这些为尚未被讨论过的各类风险。因为他们看到的是最需要进一步分析的风险，Small 要求与会者思考的内容包括：①识别科学认识风险的状态；②解决各类风险的方法和程序的有效性；③未来优先需要的研究和数据。Small 分发了一张各类风险列表，这张列表是根据研讨会的演讲主题列出的，并且邀请与会者在最后讨论期间提出自己的想法。下面是对与会者的意见总结，议题分别为：①天然气开采事故；②人体健康；③社会层面的经济和政治风险；④生态效应；⑤废物处理；⑥采出水和取水管理；⑦常规空气排放和甲烷渗漏；⑧井的设计、施工和质量控制；⑨成本和收益分配不均及社区风险问题；⑩风险分析方法。

1. 天然气开采事故

Small 指出，这些风险的科学认识处于中等水平，目前对如何监测及如何有效应对有一个相当不错的认识，而这样的认识可能在整个行业中不能被均衡地应用。虽然有一些方法可以降低风险，但还不清楚其使用的范围。Small 确定了两个需要进一步研究的问题：①设备上的传感器的开发，对附近空气和水环境的监测、井筒的完整性等；②对这种设备的成本及其所具有的测量能力的评估。同时，对监控和数据采集系统也有需求，其可用于供水行业的综合数据采集、报告和实时适应性管理。Small 认为，这个主题可以作为一个优先研究领域，因为天然气开发的知识和方法已经发展得很好，可以很快被使用，并能尽早识别高排放者。

研讨会的一名与会者对事故数据的质量提出质疑，在这个意义上，科学认识水平不高。Northworks 公司的 North 指出，问题的一般认识过程和特定地点的局部认识之间存在区别。Kasperson 指出，响应系统的问题涉及人的行为及技术。Small 表示赞同，认为即使有良好的技术预警系统，人类的反应系统可能还是不足，尤其是预警系统，有很高的错误率。

2. 人体健康

科罗拉多公共卫生学院的 McKenzie 建议,把人体暴露和健康监测确定为高优先级,同时她还指出,因缺乏数据限制了科学认识,而且应对风险的方法和程序没有得到很好的发展。公共健康问题是一个重要的问题,但这个问题往往被忽略了。其他与会者建议将压力和伤亡(由于交通事故导致的死亡和发病)等加入健康问题列表。

Krupnick 指出,统计研究历史数据对了解页岩气开发活动对健康的影响,以及确定需要进一步研究的健康问题是很重要的。在回答关于是否有生物标志物可以提供长时间暴露指标的问题时,一位与会者表示,美国卫生与人类服务部(Department of Health and Human Services,DHHS)已进行了生物标志物的研究,可提供分析所需数据,而工人的职业健康与安全管理监测也可能用于与非工人群体的比较研究。

3. 社会层面的经济和政治风险

Tierney 围绕气候变化、替代燃料和能源的使用提出一系列复杂的问题,涉及与制定页岩气政策相关的社会、政治和经济风险。她表示,页岩气的快速开发、负面影响和社会混乱,以及关于可再生能源与页岩气开发的争论可能会导致大量投资搁浅和温室气体排放被锁定。目前,对这个复杂问题的科学认识还不足,未来更好地阐明风险将可以帮助公众应对风险。根据与会者的问题,Small 指出,这一问题涉及经济风险,还需要更多的了解,并需要集成社会和伦理方面的因素(人为影响)。Newell 补充说,关于不同的相对价格如何影响替代燃料和其他经济过程有许多悬而未决的问题,未来对规模较大的经济体系的政策行动的复杂影响增进了解是明智且很重要的选择。

4. 生态效应

一位与会者指出了一些需要关注的生态影响(如栖息地的破坏)。她认为,对一些栖息地的科学认识状态处于中等水平,而对有些栖息地的科学认识状态还处于较低的水平,未来解决中低风险方法的有效性取决于栖息地本身。这位与会者提出,主要研究需求包括解阈值的变化、进行景观水平分析,以及探索恢复能力(减轻自然栖息地的破坏),部分研究需要使用受控的对照实验。Farag 把空气和水的毒性确定为生态影响的风险问题,并指出对盐的科学认识状态处于中等水平，而对微量有机物的科学认识状态还处于较低水平。目前，可以采用一些方法应对风险，但还不清楚其经济成本。其将阈值的变化研究(先在实验室，然后在野外)确定为高优先级，但同时，还要监测对具体物种的影响，并考虑制定恢复规划。目前，人类可能知道需要做什么以减缓和修复生态影响，但不知道具体该怎么做。

5. 废物处理

Perrow 表示，业内人士都知道如何使用回收水，但他意识到一个严重的问题，人们缺乏放射性物质和其他废物成分的处理和处置知识，因此有必要进行处理方法的研究。另一位与会者表示，虽然有必要降低处理成本，但有些技术可用于废物处理，而且一些技术已经在 Marcellus 页岩区使用。

6. 采出水和取水管理

在油藏工程研究所(Reservoir Engineering Research Institute)和耶鲁大学任职的 Firoozabadi 指出，采出水回注到深部地层是一项很有前途的风险管理技术，并表示非常深的注入大大降低了地震风险。还有一些关于更深的严密地层接收注水能力问题的探讨。Nicot 表示，采出水的注入，至少在宾夕法尼亚州是一个管理问题，而不是一个地质问题。

Nicot 提出了取水问题，尽管一些地方企业可能被要求报告自己的取水量，但首先要知道水的需求量。因此，有必要更好地认识地下咸水在页岩气开采作业中的有效使用。关于漏水，Nicot 表示由于对泄漏机制的知识缺乏，使监测变得困难，而且页岩气之外的其他领域也存在该问题。未来需要更好地了解开采中所用的化学添加剂的地下行为，还需要开发示踪剂以识别泄漏。

7. 常规气体排放和甲烷泄漏

一名与会者称，对排放的产生机制已经有了很好地了解，但对现场勘探开发正在发生的情况了解甚少。例如，是一个好坏运营商之间的竞争，还是一个制造劣质产品的制造商的问题？他指出，数据获得需要进行大量作业。Tierney 补充，对当地分布系统的泄漏频率也知之甚少。Krupnick 称，对大部分产生排放的化学机制，以及如何控制它们已经有了很好的科学认识，减少它们主要是治理问题。

关于当地空气有毒物质的问题，一位与会者表示，得克萨斯州拥有比其他州更大量的数据，但仍然存在一些问题，空气中的有毒物质是什么，它们是如何通过空气分布的，以及与开发之前相比当前的水平如何。而得克萨斯州以外，对相关知识的了解不多。有一些测量环境水平的监测技术，其良好运作可能需要社区和行业之间的合作。当人们表示关注时，应该把监测列为高优先级，以便告知那些可能会暴露的人存在健康风险，同时，生物监测也可以随环境监测一起完成。以后改进现场的标准程序，改善与社区的沟通将有助于解决这一问题。

Petron 不同意 Krupnick 的看法，她认为对臭氧排放的了解程度不够。她表示，在过去的两年里，犹他州每年花费 200 万美元用于了解该地区冬天臭氧排放源，而自 2004 年以来，科罗拉多州一直在弗兰特山脉(Front Range)努力与臭氧作斗争，但还是没有解决问题(55%来自油气行业)。自 2007 年以来，该地区一直处于不达标(美国环保局要求的臭氧水平)状态。同时，基于科罗拉多州花费数年了解该问题却没有成功的经验，她对一些人提出的数字表示不信任。她表示，虽然臭氧浓度可以被很好地测量，但需要不同类型的测量，以了解如何减缓其排放。她还指出，得克萨斯州的监测工作做得很好，但许多其他地方的社区并没有做到这一点。此外，她提到了最近来自监察长办公室(Office of the Inspector General)的一份报告指出，EPA 用来模拟排放的数据不仅数量有限，而且质量也不高。因此，需要各州更好地监测各州的空气质量，以便了解其风险。

Petron 还谈到经济学家、工程师及在现场的人对知识现状的看法非常不同。Krupnick 称，他的认识来自于常用的空气质量模型。Petron 回应称，这些被开发的模型用于城市排放，但农村页岩气开发所需的测量和监测是缺乏的。她还补充道，科罗拉多州西部很快就会因为来自犹他州的臭氧排放(这是科罗拉多州无法控制的)而不达标。Krupnick 同意她的观点，因此需要各州共同努力，特别是如果臭氧标准被提高了。

8. 井的设计、施工和质量控制

一位与会者同意 Nygaard 的说法，即业内人士都知道如何做井的设计和正确的施工，但是他表示，这并不意味着正在做，无法获得特定的数据。虽然存在降低风险的方法，但既没有强制执行也没有文件，治理也不一致，更没有人知道是否正在进行良好的井的质量控制。

9. 成本和收益的分配不均及社区风险问题

Jacquet 表示，人们对这个问题及解决这个问题的方法有较好的了解，但也存在治理问题。他表示，为了减少成本和收益的分配不均还需要进一步研究，以便开发框架和制定最佳实践方案。另一位与会者指出，社区并不总是有权实施有助于他们的计划，他们也可能无法获得能够支持良好规划的知识。他倡导一种延伸服务能力，使社区能够了解他们所面临的风险。Jacquet表示赞同，大多数社区既没有数据，也没有规划能力。

Small 表示，目前正处于大规模的适应性管理过程之中，但缺乏足够的数据。他指出，在一些社区应该进行一些研究，评估不同流程成本的分摊。Jacquet补充称，他们知道该怎么去进行这样的研究。Christopherson 表示，某些类型的社区由于缺乏信息（包括有关治理能力的信息）将会受到影响，特别是郊区和城市社区。她认为，由于对谁拥有土地及开发的全部成本缺乏了解，科学认识水平较低，社区之间也存在差异，在成本和利益的分配上亦存在差异。

Perry 表示，他们对风险对社区的影响知之甚少，未来需要在社区层面进行社会心理压力的长期研究。而各种风险是在社区、健康、生态和水资源风险的主题下讨论的，这些风险都是相互关联的，而且难以分离。未来，需要在社区进行定性人类学和历史研究，以了解与历史经验有关的压力和不平等。Perry 表示，经济普查数据有助于进行历史分析，而基于社区的参与性研究具有解决成本和收益的不平等的潜力。同时，她还认为，尽管社区的信任程度只维持在中低程度，但有减轻风险的方法，至于如何使用更具协作性的社区论坛和决策过程，而不是使用通常的方法，则由土地所有者决定。

10. 风险分析方法

Webler 提到的《认识风险》（Understanding Risk）报告建议与利益相关者建立共识（National Research Council，1996），将其与科学家知道的本次研讨会的重点相对比。他认为，根据《认识风险》的建议，该研讨会缺少了一些利益相关者及公众的认识和理解。他建议，在与利益相关者进行风险讨论时，项目应考虑其需要的是什么？此外，他还对强调累积和协同风险的报告给予了好评，并表示，除了考虑风险的特殊种类，还需要牢记它们之间的相互作用。

最 后 评 论

Small 邀请演讲者和与会者提供汇总意见。他提醒所有与会者，研讨会旨在澄清知识现状，而不是提出建议。Stern 对定于 8 月 15 日至 16 日召开的风险治理研讨会进行了简要评述，其目的是在知晓和传播最佳实践的治理等相关方法的基础上，确定降低可能发生的风险的措施，使其见诸行动。

Tierney 报告了在宾夕法尼亚州通过网上直播，观众对该研讨会的各种意见，他们强烈要求停止页岩气开发。North 表示，他希望 NRC 能与生活在页岩气开发中的工作人员保持开放的沟通。他赞同有些人的观点，在本次研讨会正在讨论的这些分析应引入《认识风险》报告中所定义的分析-协商过程。他表示，如果不遵循最佳实践，希望管理组能区分出现的风险，以及风险规划和协调之间的重要问题，这应该被应用在分析-协商过程中。Small 指出，《认识风险》提出，通过网上直播，观众提出的评论可以使研究者走向"正确的科学"。最后，Perry 谈到她最近发表的一篇关于分析-协商过程在页岩气开发中使用的论文(Perry, 2013)，这样一个过程可能因为需要克服的透明度问题而变得困难，因为在该过程中，需要行业的参与及可能受到影响的人的参与。

未来风险问题的总结分析

本节提供了大会秘书对在演讲和讨论期间所出现的趋势和模式的评论。这表明，一些与页岩气开发相关的风险已经受到更大关注。基于这个研讨会，似乎受到最大关注的风险领域包括对水系统的影响、地震及井中的甲烷泄漏。结合报告和不同与会者的意见发现，潜在的重大风险领域还没有仔细检查，主要包括与公众健康、生态系统、空气质量、人类社会及全球气候相关的风险。

基于研讨会的一个或多个与会者提出的问题总结主要的议题如下：公众健康风险、生态风险、空气质量风险、给社区带来的风险、对气候变化的影响、水资源风险及其他风险问题。

(1)公众健康风险。研讨会的几位与会者认为，似乎缺乏页岩气开发对公众健康影响的强有力的流行病学研究。一位或多位与会者确定的主要研究需求包括：①评估页岩气开发中所使用的物质的毒性；②测量公众对有毒物质的暴露性和其他健康压力，并说明在排放和暴露中的变异性；③跟踪页岩气作业区附近的工人和居民的健康状况；④了解化学混合物、噪声、交通，以及其他压力对居民健康和生活质量的影响；⑤将压力纳入个人和社区水平的健康评估。一些与会者强调，页岩气开发之前、期间和之后的相关数据的系统性收集对暴露性和健康评估特别重要。此外，几位与会者和主持人还强调了要进行特定区域的研究。

(2)生态风险。许多与会者认为页岩气开发活动的生态效应研究还处于早期阶段。一位或多位与会者确定的主要研究需求包括：①表面扰动的不同模式和程度对陆地和水生物种的影响及评估；②确定物种响应机制(如毒性、回避、生殖扰乱)的研究；③不同物种和种群的阈值变化的野外研究；④对生态影响模型和恢复方法的研究。

(3)空气质量风险。研讨会的一位或多位与会者确定的研究需求包括：①在钻探之前、期间和之后，基于空气成分的实际测量研究；②确定页岩地层排放特征的研究，测量大气甲烷通量的研究(特别是城市地区)；③二氧化硅的排放特性研究；④对最佳管理实践的减排效果进行评估；⑤可升级的泄漏检测方法的开发。

(4)给社区带来的风险。一些与会者指出，关于页岩气开发对社区的影响的研究很少。其中，一位或多位与会者提出的重点研究需求包括：①页岩气开发带来的新财富的分布及不同分布对社区进程的影响；②带来的压力的大小；③社区所受的间接影响(如材料运输对社区的影响)；④对正在经历天然气开发的城市社区的影响；⑤不同页岩气开发模式的长远影响；⑥对先前存在的产业影响；⑦开发的最佳实践对社区可能产生的影响。

(5)对气候变化的影响。根据几位与会者的意见，针对气候变化的影响问题的大多数分析，一直狭隘地集中于电力部门的替代燃料和甲烷排放问题。研讨会的一位或多位与会者提出的主要研究需求包括：①低成本的气体对化石和可再生能源资源的累积总需求的影响研究；②对工业和商业部门燃料转换的研究；③对出现的可再生能源供应趋势的研究；④对发展中国家经济发展中的能源利用模式的研究。此外，不同能源政策对这些关系的影响分析也被确定为重要研究内容。

(6)水资源风险。一些与会者指出，需要进行一些研究，以评估水井杂散气体的污染程度，以及页岩气作业对水质和水的可用性的长期影响。

(7)其他风险问题。一些研讨会与会者一致认为，有必要更好地认识风险的分布、页岩气开发的好处，以及页岩气开发风险可能会带来的各种社会机构的信任问题。

(翻译　赵纪东)

第 2 部分 研讨会二：页岩气开发风险治理

2013 年 8 月 15 至 16 日举办的研讨会的目的是明确如何管控在非常规页岩气的开发过程中可能遇到的风险，以及考虑到公共及个体因素，达到让利益相关方及可能受到影响的群体满意的效果。第一天的汇报和讨论主要集中于不同水平的政府政策管控，第二天的讨论延伸到企业自我管理、公共参与、公私关系及其他的管理方法。

美国国家环境变化和社会研究委员会主任 Lane 主持了大会开幕式，并介绍了董事会的主要工作，包括监督项目的进展状况等。她首先感谢了董事会的赞助商，而后介绍了美国国家科学院近期正在进行的有关页岩气开发的项目。她指出，天然气储量丰度很大，也具备较大的经济价值，但是目前项目的着眼点是技术的风险性。Lane 介绍了组织这场研讨会的指导委员会成员，并强调大会的总结报告不包括需要对国家研究理事会批准的结论或建议。任何的判断、结论或建议仅代表与会人员的个人观点。

研讨会主席 Small 介绍了会议日程及研讨会的程序。他简要总结了在第一届研讨会上讨论的风险类型，并解释了此次研讨会的目的：①评估美国当前及不断改良创新的管控页岩气风险的方法，与此同时，借鉴其他国家的管控经验；②明确认知水平在各种各样管控措施中所起的作用、扮演的角色，以及联邦、州政府、当地政府、企业自身、社会团体及非政府组织机构的协同作用；③找出具体举措，改善管控页岩气风险的科学和社会基础。

Small 强调，研讨会的倾向是调查研究。他鼓励与会者应该认识到在这一领域，知识更新得很快，至今还没有一个最终的答案。与会者应该保持继续学习、继续调研的态度。Small 认为，如果此次研讨会做到了以下几点，就可以认为是非常成功的：①搞清现行机制及与页岩气开发相关的管控风险认知；②明确如何提高风险管控机制及如何评价；③与会者能够提出新的见解并帮助他们取得更深的理解。Small 指出，研讨会将会出版摘要集及部分论文以供同行参考。

（翻译　郑军卫）

第11章 明确治理问题与挑战

研讨会的开幕式提出，政府治理问题主要来自以下三个方面：①对涉及个人利益的回应；②分析当前美国的治理体系；③审查可能需要治理的相关企业。

来自于一般性启发的页岩气治理

报告人：Gabrielle Wong-Parodi
卡内基梅隆大学

Wong-Parodi 是一位来自卡内基梅隆大学气候与能源决策工程系和公共政策研究中心的研究员。她的研究领域包括将行为决策研究方法应用于环境可持续性问题。在第一届研讨会上，她做了由 Webler 描述的关于由一般性引发的治理问题的报告。这份开放性的汇报引发了 531 个关于治理的回应（占据了所有回应量的 21%）。这些回应分为以下六大类。

(1) 企业文化与实践。一些调查者认为企业偷工减料和片面的追求速度。其中一个被调查者说："新的动物养殖场和风力发电厂被要求符合那些根本就不适合油气公司的标准，钱怎么可以比人还重要呢？"另外的一些受访者认为，这个行业的快速增长导致了快速甚至是危险的发展。一些受访者表达了对非法的活动、贪污、受贿的担忧，包括贿赂土地拥有者和政府人员。另外一些受访者认为，有一些行为是合法的，但是却违反道德，例如，对土地拥有者的恐吓及"法律欺凌"。有些人被行业的杠杆能力所困扰，如通过政治手段游说。

(2) 监管缺失。一些接受采访的人质疑了现存法规的适当性，并对企业可以从联邦法律法规中获得一定的免税提出了疑问，他们提到了所谓的"哈里伯顿漏洞"，这个漏洞指的是在页岩气的开采过程中，水力压裂会导致浅层水源污染。有些人质疑了监管部门的执法能力，缺乏相应的时间、专业知识及财政资源约束。

(3)信息不足。有些问题是由于缺乏数据造成的；一些是由于有缺陷的、存在偏见的或者是现有的科技水平导致的。一些受访者担忧错误信息的传播，一些则质疑部分企业仅仅共享了有利于自己的那部分信息，或者是企业有意识地使自己难以被理解。一个受访者说收集并把数据公开化总是存在着大量的障碍。很多障碍是由于油气公司保密要求导致的。甚至一些医生被禁止报道他们参与治疗的健康问题。

(4)法律体系和社会制度的不公平。一些受访者表示，在页岩气开发的过程中，企业和土地所有者缺乏相应的责任。在这类问题中，最具有代表性的是"强制性整合：即未经我的允许，就在我的私人财产中开采页岩气，然后让我对可能产生的危害负责任。"

(5)分配及环境的公平性问题。这些问题主要集中在风险及受益的分配。例如，在开发页岩气的过程中产生的垃圾会被运输到根本不想要它们的国家或地区。

(6)公众参与的不足性问题。一些受访者表示，很多决策根本就没有进行足够的公众咨询就被擅自定下来。一些受访者指出，决策受到了两极分化观点的阻碍，他们归咎于该行业。

Wong-Parodi 指出，上述问题引发了 3 个主题：一个是关于科学的，现今的科学水平还不足以提出明智的决策，与此同时，在形成和传播新知识方面还缺乏一定的透明性；二是信任问题，部分受访者不相信现在的组织机构能够保护人民的利益，也不相信他们可以保护环境免受页岩气开发带来的危害；三是利益分配的公平性问题，决策可能影响到个人、团体、国家及子孙后代。Wong-Parodi 指出，并不是所有的问题和结论都是正确的，在页岩气的开发过程中，也不是只有这 3 个论点值得关注。

治理问题和政府能力

报告人：Barry Rabe
密歇根大学安娜堡分校

Rabe 是密歇根大学安娜堡分校公共政策系的教授。他的研究领域主要包括政府间环境政策的制定和实施。他提出了一些关于治理问题的综述性评论。他从亚里士多德提出的最经典的管理问题开始：谁来管理？他们如何管理？结果是什么？他指出，页岩气的开发不像目前一些已经确立的领域，如教育系统及国家公园。在页岩气治理方面，只有非常少的基金用于治理，在美国国会听证会上，也只有非常少的人关注这个问题。Rabe 称，管理页岩气的政府系统非常分散，由于法定豁免权法律规定，大部分的实权被州政府及当地政府控制。虽然政府可以采取强有力的控制，但是目前还没有看到这种可能性。

Rabe 建议，限制联邦政府的权力可能会促进国家、当地政府及企业在页岩气治理方面的积极性。他进一步指出，各州各自为政，虽然已有相应的管理政策，但是效果不太明显。因此，新的政策正在酝酿之中。页岩气引发了一个长久存在的问题，是否应该将联邦集权调整为权力下放。Rabe 指出，关于权力下放问题，有两个不同的观点：一种观点认为，政府应该处于下层，在资源之后再行动，创造一个监管机制；另一观点认为，政府应该处于管理上层，通过创新方法去管理，政府应该整合规则，制定一个更加透明、更加适合大众参与的政府机制，发展绩效指标和新的政策措施，开展跨界合作，实现资源共享，提高当地政府的积极性。这两派争论，至今还没有一个确定的结果。

Rabe 指出了几个关于页岩气的一般性问题：国家和当地政府的能力、国家政策的倾向性、国家立法机构的职能、政策发展的扩散性与不均匀性。

(1)国家和当地政府的能力。Rabe 提到，有很多州政府会从页岩气的开发中收取开采费，但是，他们当中的很多并不会把这部分税收应用到页岩气的治理之中。在过去的半个世纪中，最近 4 年失业率最高，约有 110 万人失业。页岩气的管理系统需要杰出的、经验丰富的人去领导。因此，Rabe 总结说，能力是一个巨大的挑战，尽管政府间相差各异。

(2)政府管控的倾向性趋势。Rabe 称，在过去的 35~40 年，国家级别的治理创新都是在国家一级的跨党派斗争中取得的。最近，国家正在转向一党控制的模式，这个趋势太快以至于我们无法判断。但是，这个改变为国际级别的治理制造了很多麻烦。

(3)国家立法机构的职能。最近，国家立法机构批准了大量的页岩气的订单，与此同时，大量的法律政策出台。Rabe 说，这为政策分析提供了良好的平台，也为立法创造了可能。

(4)政策发展的扩散性与不均匀性。Rabe 指出，在从一个州到另外一个州的过程中，治理政策的传播可能会变慢。在非常短的时间内，一些州开始实行一些宏大的政策法规，这些政策导致了在处理相同问题时采用不同的治理措施。

从技术的角度来看治理问题

报告人：Mark D. Zoback
斯坦福大学

Zoback 通过电话在研讨会上做了主题发言，他仔细研究了开发页岩气的问题，这种方法在经济上是可行的，同时也对环境是负责的。Zoback 指出，考虑到对环境、社区等的影响，页岩气的开发存在着巨大的挑战。Zoback 提到了由他和 Arent 在 2013 年共同发表的一篇论文(Zoback and Arent，2013)，在这篇论文中，他们讨论了在考虑社区、土地、水资源及大气因素的前提下，开发页岩气资源所面临的技术挑战。他指出，人们应该关注在这些领域政策法规的适用性和执行能力。在科罗拉多州，有 5000 口各种类型的活跃的井和 15 个监管机构。这就导致了对法规的适用性和可执行性的关注。这篇论文指出了用天然气替代煤资源的潜在好处，包括对公众健康的益处(例如，中国每年有 125 万人死于烧煤所产生的污染)。但是要实现这些效益，就需要有效的环境保护措施。

Zoback 的上述言论很大程度上来源于 2011 年的页岩气开发能源咨询委员会秘书报告(他于 2011 年供职于该小组委员会)。这份报告指出，页岩气可以在保护环境的前提条件下进行开采，报告还提出了 20 条建议。Zoback 关注了其中 4 条对治理问题有影响的建议。

有两条建议是关于钻井组成、水力压裂、流体回流、钻井显示、压裂流体的。在不同的州之间，这些要求差别巨大。Zoback 指出，该行业的专业网站"FracFocus"做得非常好，但这仅仅是一个开端。

第三条建议就是创造一个区域的中心，在这里讨论问题，例如，如何找到一种将页岩气开发过程中所产生的累计影响降低到最小的最优化方法。Zoback 指出，这条建议基本上尚未实施。但是，在 Marcellus 页岩区的页岩气可持续发展中心就是一个尝试。我们也在试图建立一个公司水平的评价标准。Zoback 强调必须确保井点的安全，施工公司必须实地调查这些井点以确保万无一失。

第四条建议就是可持续性发展和环境保护。在这一方面，几乎没有进展。

Zoback 也对钻井建设、水层污染和甲烷泄漏做出了评论，他把钻井建设的管理当成首要事务，同时引用了未来资源研究所 Krupnick 提供的专家风险判断(由 Krupnick 在第一次研讨会提出)以表明专家对钻井建设的关注程度也很高,不管使用固井、下套管、注水都存在风险。前两者是钻井建设的内在因素,人们关心得最少。美国能源顾问委员会针对这些担忧发布了下套管、固井、压裂管理、压裂测试的一些建议,同时建立了固井过程中防止污染和泄露的多重屏障,以确保井建设遵循最佳方案,并且适应当地的地质条件(Secretary of Energy Advisory Board and Shale Gas Production Subcommittee,2011)。Zoback 表示,尽管不同州对固井技术的要求有区别,但是也没必要设置多重屏障。除了规定性管理,Zoback 还提倡基于绩效的法规来确保所需防护措施。Zoback 相信许多公司正在认真对待这些问题并且会正确行事,同时他说,所有公司也都必须这么做。

在甲烷泄露的问题上,Zoback 称就他所知,联合战略能源分析研究所在美国国家可再生能源实验室已经做了最有效的研究。问题还包括非常规气开采相对于常规气开采是否更容易发生泄露;无论常规还是非常规,天然气发电释放温室气体周期是否都是煤炭的一半。Zoback 提到,此次研究仅对 Barnett 页岩气进行了评估,所以不能应用到整个含气盆地中去。尽管那项研究所传达的信息是页岩气开发对温室气体减排有好处,但是还需要做更多的研究。他还说对泄露问题的关注是件好事,因为泄露事件需要进一步解决。最后 Zoback 总结称,从技术角度来看,治理问题是多方面的且充满了挑战。

问题与讨论

两名参与者就 Wong-Parodi 提到的页岩气开采过程提出了疑问。其中一个问到了选择偏好性问题,Wong-Parodi 回答称,目的不是为了得到一个具有公众代表性的样本,而是想明确。她的团队采访了对页岩气开发持有不同立场的各种组织,其中包括一些行业集团。另外一个参与者问道,开采过程是否得到了工人或管理者关于治理上会出现的错误及如何改正错误的看法,Wong-Parodi 称开采过程不需要管理方面的建议。

一个网络直播参与者表示,既然页岩气和页岩油在人类时间尺度上是不可再生的,那么组织的名称"页岩气可持续发展"是否是不真实的,而且也是人们不信任压裂生产的一个原因。Zoback 说这是一个合理的观点,然而在他看来,页岩气是可持续能源系统的过渡燃料,发展页岩气是摆脱煤炭资源和能源系统脱碳过程的中非常重要的一步,哪怕仅仅是一小步。

(翻译 韩文学)

第12章 应对治理挑战的政府能力

研讨会第一天，一系列的演讲和讨论集中于美国和其他联邦各级政府对于他们制定和实施法规及解决扩大非常规油气开发的风险，以及协调能力。聚焦点包括提高应对页岩气开发风险管理能力的方法。

评估和增强州政府管理非常规油气开发风险的能力

报告人：Hannah Wiseman
佛罗里达州立大学

Wiseman 是佛罗里达州立大学法学院助理教授。她的研究分析了从次级地方到国家层面在环境保护中的管理角色。她开始时指出，演讲主要是描述性的，没有试图讨论宽泛的问题，如监管活动中州之间是否存在顶层或底层的竞争。她认为描述非常需要，因为这个领域非常复杂，在任一州均具有多种技术风险，以及多种管理准则。

她认为，风险管理的任何分析都必须识别风险，谁来管理风险(包括产业)，什么是实质性的控制(包括风险之间的差异)，怎样进行更好的管理。她的评论主要集中在产业的上游，但同时指出，产业生命周期的其他阶段的重要性正在增加，包括分销和出口，以及各阶段之间的连接。州政府在识别风险上扮演着十分重要的角色，因为州检查员会检查每一个井点，记录一系列问题，特别包括设备现场的漏损。然而，她表示，州检查员有可能主要鉴定他们一直关注和寻找的风险，从而漏掉其他风险。

1. 数据需求

更好地了解风险，需要更好的数据产品。她认为产业能收集到一些数据，但仍需要更多的数据。州层面的数据需求缺乏一致性。她指出，例如，俄亥俄州需要井运营商在被提议的 1500ft 内的水平井口内的水井进行采样，科罗拉多州需要被提议的井点 0.5mi 内 4 个水来源的初始基线样本和最大量的充分监控。不同的州还需要测试不同水的成分。Wiseman 建议，管理可能受益于更统一的测试协议。

2. 实质性控制

根据 Wiseman 的观点，关键管理问题是实质性的控制，以及哪些机构应该负责。关于联邦法规，产业发言人认为有很多，但是其他人指出了一些关键的免税额。州的角色包括制定自己的法规和执行联邦的法规，也有地方性法规。在州内，可能会有多重监督管理机构，不同的州具有不同的监管布局。关键问题是是否能够将一个州内的所有机构联合起来，共同行使权力，进行急需的管理。她指出，区域管理涉及几个州可能的某些目的需要，不仅在州之间，而且同一州内的机构之间可能存在相关的交流问题，例如，那些有问题的机构和有权管理该问题的机构之间的交流。她补充说，私人管理也很重要，例如，页岩气开发的投资方和矿权出租人有时会把环境条款加到与运营商的协议中。Wiseman 总结道，虽然联邦和州政府机构都各有控制的领域，但州政府在页岩气监管上有更多的控制权。不同种类的管理规定在实施(如规定性与绩效)和内容上有很大差异。

3. 州政府能力

Wiseman 强调，由于州管理规定变化很大，且经常改变，新进入州的成员可能不能完全理解环境管理。州政府可能需要培训新成员学习有关管理规定的内容。但是，由于企业不会一直遵守这些规定，监管能力就显得非常重要。许多州对于每个井只有很少的监管者(Wiseman 研究数据表明，只有几个州针对每千口井安排了一名管理者)。她补充说，这也许不是一个具有说服力的统计结果，因为主要是在井的生命周期的具体一个点需要监管机构，一些州报道了每个检查员的大量的安全检测。实际上，Wiseman 称，只有很少的州尝试确定监管这个产业所需要的检查员人数，而且关于检查员应该多久去检查一个井点，是否允许随机检查，以及其他监管实践，各州情况变化很大。数据表明各州之间有关违规和强制执行的差别很大，包括每次检查发现的违规数量和每次违规所采取的强制措施(为了解释这些差异，Wiseman 指出，得克萨斯州每次检查的违规比例高于宾夕法尼亚州，但是每次违规采取的强制措施低于宾夕法尼亚州)。

Wiseman 指出，各州检查员的报告涵盖内容、检查员的资格条件，以及培训水平方面变化亦很大。同时，违规需要什么惩罚，设置惩罚时允许多大自由裁量权，以及哪些违规优先被采取强制措施，各州亦不同。她强调，这种情况使产业发展变得困难。产业在被管理中需要可预测性和公平性。同样存在是否有足够的强制措施来阻止违规和确保整治这样的问题。

Wiseman 总结时建议，联邦政府可以通过提供监管和强制实施政策数据库提供帮助，州政府用于许可的费用可以在州层面解决许多人力资源问题。

美国华盛顿特区州环境委员会 R. Steven Brown 的评论

2013 年 7 月，Brown 在美国华盛顿特区州环境委员会(ECOS)举办的一次内容多样的会议上作了报告，那时他是 ECOS 的执行董事。来自许多州、保险公司(其对限制损害感兴趣)、环保组织和工程公司的代表参加了会议。会议确定了各州正在经历的几个议题。一个是天然气开发环境的多样性，如以城市为代表的得克萨斯州，以及完全是农村的北达科他州，影响也不尽相同。例如，有钻井很长时间的州报告说，井场影响并不明显，因为机构已经做好充分的准备来处理这些问题。

Brown 说，并不是所有的影响都是对环境的影响。例如，在北达科他州，ECOS 成员最担心从其他地区迁入的移民的社会影响，移民与北达科他州本地人不一样，因为他们只是暂时住在那里，所以对页岩气开发持有不同的态度。对于明尼苏达州坚持没有压裂，Brown 指出，会议上表达的对水力压裂的担忧是在全州范围内的压裂砂运输问题，会导致交通和其他中断问题。ECOS 会议上也提及了快速变化的问题；在科罗拉多州，法规必须在不到一年的时间内颁布。各州都寻求来自同行的信息，Brown 预计，随着时间的推移，问题的趋同性可能出现。多部门共同关心的问题：环境、自然资源管理，以及石油和天然气机构都趋于参与其中。ECOS 成员，其在各州内是环境机构，在州层面的页岩气方面，并不一定是领导机构。最后他说，来自联邦政府的支持对于各州来说非常关键，尤其是对科学研究的支持。

宾夕法尼亚州哈里斯堡萨斯奎哈纳河流域委员会 Jim Richenderfer 的陈述

Richenderfer，高级科学家和萨斯奎哈纳河流域委员会(SRBC)水资源管理部门代理首席。他指出，SRBC 成员代表宾夕法尼亚州、纽约州、马里兰州和联邦政府，有权力管理流域水资源分配。他强调，需要全面管理像河流流域这样的系统，因为它的水文界限比政治界限更重要。他指出，特拉华河流域委员会成立于美国国家环境保护局(EPA)之前，其管辖权涵盖水质问题，而 SRBC 并没有。然而，SRBC 对水质感兴趣，其半数员工都涉及水质监测研究。

他指出，自 2008 年以来，在萨斯奎哈纳河流域，大约钻探 4000 口非常规天然气井，到目前为止约有 2400 口井是水力压裂井。对于 SRBC，钻井的位置比水的消耗量更重要。他继续指出，到目前为止，页岩气的开发已经使用了大约 110 亿 gal 的水，这不到河流每日提供给切萨皮克湾一半的水量。然而，大多数用水都取自流域的上游，流域大部分具有特殊价值和高质量的溪流及有价值的娱乐休闲之地均位于那里。根据其报告，委员会的目的是在保护资源同时不参与页岩气的勘探。

Richenderfer 称，返排水量远低于最初预期：每次压裂平均用 440 万 gal 的水，返排量只有 10%，或者更少。从流域角度来看，可以利用流域尺度监测项目，以水文单元来管理资源，伴随核电站而完成，但由于该过程消耗了大量的水，因此，委员会考虑在低水流量期间增加流量以保护水生生态系统。流域尺度方法允许在干旱期释放存储水用于消费。Richenderfer 指出，管理方法包括需要反映了自然系统保护的州际间的方法。他指出，在过去 5 年，SRBC 管理制度变化了 4 次，并补充该委员会认为其提出的方法比大多数州更灵活。

问题与讨论

讨论期间，将参与者和报告人的各种问题和评论总结到一起，分为以下不同的主题：各州间差异性、州际问题、州政府行政人员能力、流域层面问题、联邦政府的角色、多媒体问题，以及信任问题。

1. 各州间差异性

Krupnick 指出，RFF 数据库在各州 RFF 状态报告(*State of the States*)中可以公开获取，检验可作为以下各方面之间差异的解释，包括石油和天然气条例数量、监管的类型(如相对于执行标准和准许的命令和控制)，以及定量化条例的严格性。Krupnick 表示，报告表明掌握管理权的政党等因素就不能用这些变量进行解释。Rabe 补充，这样的研究可以解决其他问题，如是否有开采税，以及这些税收的激励类型及其使用在产业中创造的价值。

Brown 指出，资金方面变化很快：国家机构用于页岩气监管方面的资金 80% 来源于各项收费，而 10 年前是 40%，再在几年前只有 5%。他表示，许多州只能靠收费才能继续监管，这种机制导致我们在每次支出费用增加时，必须重新返回立法机构来确定新的收费标准，但这很难做到。其他评论表示，在一些州，费用已经被"突袭"用于普通基金，在各州之间来自费用的收入变化很大。Wiseman 称，费用最高的可能在西弗吉尼亚州，每口水平井费用 1 万美元，而一些州的费用只有 500 美元。她补充道，得克萨斯州已经大约 10 年没有更新费用。

2. 州际问题

为了回答没有活跃的页岩气钻探活动的州是怎样处理跨州界的影响问题，Wiseman 引用了来自宾夕法尼亚州的返排水流进俄亥俄州的有趣案例。她表示，美国国家环保局已参与其中，试图确保宾夕法尼亚州的废水不被送到俄亥俄州的处理厂。她补充，州际契约也不总是起作用，如核废物处置就是一个失败的例子。她认为，区域管理协议需要持续关注有效性，也可能需要当地政府的介入。Brown 补充，州际关系有时是非正式的。Tierney 感到疑惑：为什么更多州不要求 STRONGER（各州石油和天然气的环境法规评估，公私合作组织）的评估。Wiseman 指出，需要更多了解各州正在执行的 STRONGER 制定的指导方针的程度。她表示，一些州可能会犹豫是否要邀请国家合伙组织，依据国家一致标准，评估其管理规定。

3. 州政府行政人员能力

州政府职员进行监测的培训状况和教育层次问题被提及。Wiseman 回答称，她还没有研究培训问题，只是知道西弗吉尼亚州的要求，职员至少具有两年该行业的工作经验，但她同意这应该是一个值得重视的问题。Brown 同意并补充，州政府工作人员有时会在这个行业就职，但当这发生时，他们至少要了解这个州的法规。

4. 流域层面问题

参与者表示，并不是所有的流域委员会都运作良好，并询问如何任命 SRBC 成员，并使他们能相互合作。Richenderfer 指出，州长和总统任命委员，他们通常是州环境秘书和来自美国陆军工程兵团的适当官员。工作人员检查申请并向委员提出建议，委员按季度采取行动。他指出，《萨斯奎哈纳河流域契约》所代表的 4 个行政辖区提供的资金是 SRBC 面临的挑战。为应对挑战，SRBC 对用水、资源调查和其他关于流域方面的服务进行收费。

为了回答流域层面蓄水设施问题，Richenderfer 称，在萨斯奎哈纳流域已经存在一些由美国陆军工程兵团建设的设施，SRBC 已经介入这些水库的管理。他指出，SRBC 也正在研究地下矿山池，其中一些可能有良好的水质，可以在低流量时段补充。

5. 联邦政府的角色

来自美国国家环保局的一名参与者提出了更多关于有帮助的联邦政府角色的建议。Wiseman 回应，首要任务应该为各州提供一个数据库存放数据，以及监控和组织数据库，使数据得到有效利用。联邦政府也可以将新兴科技组合成容易获取的形式，通过风险和州的页岩气开发组织起来。她建议，可以继续评估那些州级影响较大或明显的地区，在管理条例中考虑变化的需要。

6. 多媒体问题

研讨会主席 Small 被问及能否举例说明 SRBC 对页岩气开发所做的努力。事实上页岩气开发是一个多媒体问题，不仅影响水流域，而且影响空气、通量、生物群落等。Richenderfer 回答称，SRBC 一直谨记自己的职责。Brown 指出，在州层面，具有不同职责的机构应该经常非正式地一起发挥作用。

7. 信任问题

一名参与者指出，对于一些能源设施，有一些治理工具可以考虑发展的多重效应，并且是透明的，但在页岩气开发方面，在商业模式和社区经验之间关系紧张，商业模式鼓励保持平静(有人称之为"速度与贪婪")，而社区经验受意外事件影响，不知道如何在政府机构间转变。他询问是否有一种管理模式能够更好地解决信任问题的应对机制需求。Brown 称，在 ECOS 会议上关于压裂信任是一个主要主题。他认为几种模式可能会起作用，但是还不足以提出一个。Wiseman 指出，作为环境审查过程的一部分，纽约在召集相关利益者方面可能走得最远，因为它有一个整体的法规，某种活动在获得州政府授权之前，需要广泛的环境审查。她表示，现在科罗拉多州在监管过程中需要更多机构的咨询，允许企业选择更严格的环境审查过程，这可能会产生更多的信任。她补充，完全取代城市区划权利，正如目前一些州发生的一样，出现了确保信任的问题。Rabe 评论了宾夕法尼亚州与伊利诺斯州之间的巨大差异，在宾夕法尼亚州，立法要跟随政党选票；而伊利诺斯州，在立法之前，要努力汇集各方利益相关者，进而在立法上压倒政党间协议。在任何州，专家组中没有人知道如何评价决策过程中的利益相关者的满意度。

次州级联邦制与压裂政策：州监管权胜过
当地土地使用自主权？

报告人：Charles Davis
科罗拉多州立大学

Davis 是科罗拉多州立大学的政治学教授，从事能源和公共土地政策制定方面的研究。他首先指出，政治学家通常会在考虑州层面政策时通常会考虑许多因素，如创新扩散和政策领导，对于压裂似乎并不重要，因为水力压裂似乎显示了特殊的政策发展。他指出，州和地方之间的法律关系不是事情的全部：为了解州-地方的关系，需要考虑一个因素，即什么是政策流，包括反映在公众舆论和选举周期中公众情绪的变化。这种变化可以通过聚焦事件和城乡差异来形成。他强调其他报告人提出的一点：缺乏这些关系的数据。

Davis 使用文档、媒体和二手资料对科罗拉多州、宾夕法尼亚州和得克萨斯州进行比较。这些州位居天然气生产量的前六名，得克萨斯州占美国天然气产量的近 30%，且这种重要地位已经维持了很长一段时间。

1. 州和地方管理

关于州政府官员是否应该以牺牲当地土地使用权而保留监管控制权，Davis 指出，大多数州机构和工业界的政党都表示同意。他们认为，统一的州管理规定允许企业开发天然气资源，不用受由市县所设置的不同政策的限制。在反补贴问题上，市和县政府是否应该被允许在传统的土地使用权下调节水力压裂作业，Davis 表示，地方政府强调在整个州内采用"通用型"方法管理天然气开发是不合适的，因为地方社会和地质条件存在很大的差异。

研究过许多州的情况后，Davis 描述了已被行业和其他支持者使用的用于构建有利于州的控制问题框架的几个策略：强调钻井的经济效益(工作、土地所有者的土地使用费、影响社区的开采税)；保证水力压裂是安全的(包括一个行业协议，强调在超过半个世纪无地下水污染记录)；在地方政府听证会上提供行业和州机构的监管证据，而相对不知情的地方政府将会考虑在听证会上提出的监管行动；鼓励州机构、行业和地方政府官员之间加强合作，包括监控和环境法规的实施(但没有独立的监管行动的权力)。如果监管活动没有达到预期效果，Davis 说，支持者就会强调州机构拥有法定权力在全州内进行调控。在科罗拉多州，来自州检察长办公室的消息很有效，可通过通知地方官员针对反对城市采用比州更严格的规定而采取法律措施。

Davis 解释了已经用于保持地方土地使用权的关键策略，包括强调地方自治权和地方自治的重要性，游说州政府机构更好地执行现有的规定和提升对钻井运营商的退缩红线要求；检查人员和井点数量之间的不匹配（在科罗拉多州，16 名检查员和相应的超过 5 万口井）；当考虑监管选择时，在压裂作业时地方政府采用临时延期偿还；采用地方政策，其超过或胜过州监管标准；在极端的情况下，提倡一个地方或州通过投票活动，禁止或建立更严格的水力压裂监管政策。

Davis 认为，政治气氛是由风险感知驱动。来自得克萨斯大学的全国性数据表明，大多数人赞成监管，尽管水力压裂在农村比城市有更高的接受度，相比相信地方和州权威的人，那些相信 EPA 的人对压裂持更强的怀疑态度。

2. 州的具体问题

Davis 称，州长的领导风格和州政府历史至关重要。在科罗拉多州，州长 Hickenlooper 相信任务小组，允许地方政府任命检查员，他能够在以前州管理基础上制定行动，以扩大州管理委员会影响，包括地方政府的公共健康和环境利益。因为担心其他社区会效仿，朗蒙特市就水力压裂禁令进行了激烈的争辩。在宾夕法尼亚州，州长 Corbett 是在一个强有力的能源优先纲领下当选的，该纲领鼓励取消对水力压裂作业的法律障碍。Davis 认为，通过政党投票，Corbett "强行通过"立法，拒绝向采用与州政府规定不一致的地方政府提供钻井资金。该法律在法庭上受到市政和环保组织的质疑，支持原告的司法裁决已经被提起上诉。

Davis 继续指出，在得克萨斯州，得克萨斯州铁路委员会制定了全州范围内的石油和天然气钻探与水质问题的规定，得克萨斯州环境质量委员会处理空气质量问题，地方政府处理"使用条件"，如退缩红线。没有任何得克萨斯州法院裁决处理有关地方政府权力取代问题，Davis 称，对得克萨斯州页岩气开发有组织的反对程度要小于宾夕法尼亚州和科罗拉多州。一些城市已经使用权力要求"闭环"系统存储钻井废弃物，针对重大挫折的需求，或在干旱期间，禁止向石油和天然气公司出售用于压裂操作的水。Davis 总结，纽约州与得克萨斯州的州-地方关系截然相反，地方政府被邀请评论州政策。

得克萨斯州沃斯堡市 Sarah Fullenwider 的评论

Fullenwider 是沃斯堡市的律师，介绍了沃斯堡对于页岩气开发的经验，提出了对于其他地方政府的一些经验。沃斯堡页岩气开发始于 2000 年，那时仅有一条相关的州法律(在人口聚集的居民区，钻探要限制在 200ft 内)。目前在城市内有 2300 口井，1000mi 长的管道，41 个压缩机站点。因为得克萨斯铁路委员会不允许在堵塞或废弃的井上建造建筑物，她认为上述钻井、管道、压缩机数量的增长对未来城市发展具有一定的影响。

该城市开始通过审查各地方法令，以制定其监管计划，主要关注对城市有重大影响的挫折(1000ft 的退缩红线可能影响 72acre)。Fullenwider 称，修订城市法令是因为在行业发展中没有听取当地居民的意见。她补充，市政当局并非处于强势地位来影响行业，尽管他们可以对违法行为征收每天 2000 美元罚款，但这对行业行动并没有太大的限制。所以她称，市政当局不得不说服行业与其合作。

她表示，当页岩气开发之初，这座城市没有调查管道和压缩机站。调查发现，尽管水力压裂持续时间不长，而压缩机站要维持很长时间；压缩机站里大的、令人厌烦和嘈杂的噪声及较低的性能价值已经成为开发的一个大问题。沃斯堡有一个许可证制度，不管制土地使用类型的钻井，而压缩机站除外。因为这可以被起诉收回采矿权，所以该城市对于监管的观点是不能禁止城市钻探，而在得克萨斯州，这与地表土地所有者的财产权是分开的。争论随之而起，Fullenwider 表示，这个城市不能调节压缩机站，因为它们是管道系统的一部分。

她指出，城市面临的挫折之一是县无权限制土地用途，包括城外限制。Fullenwider 指出了几个监管需求，包括给予县强制实施权力；建立州和联邦对环境问题的控制，因为市政当局不具备控制的条件；完善对管道布局的监管，得克萨斯的城市不能调控管道；考虑采用严格的规则管理盐水处理井的位置和使用，以及钻井泥浆的运输。总结沃斯堡的经验，她总结了几条用于地方政府的经验教训(列在她的幻灯片中)，其中大部分涉及教育当地居民，尤其是低收入和拉美裔社区，以及城市钻探行业的教育。

华盛顿大学 William Lowry 的评论

Lowry 是华盛顿大学的政治学教授，主要从事美国环境和能源政策问题研究。她首先指出，美国整个国家政策的变化如美国政府一样古老。他认为，Davis 的汇报属于一个古老的传统的政治学范畴，但对于天然气政策以及在该背景下州与地方之间关系，并没有太多的研究。他认为 Davis 的论文可以作为解决这些问题一种强有力的早期努力。然而，因为这个问题是目前热点问题，Davis 提供的答案和理论问题尚不清楚。Davis 的论文指出了州控制地方政府引起的天然气行业变化的一些因素：地质差异、地方自治敬畏程度、与企业相关的州长的存在、法院的介入、组织层面的反对、国家的经济状况，以及国家所面临的潜在问题的程度。Lowry 总结，这个情况很奇特，需要有更明确的理论依据来解释这些变化。

Lowry 指出，Davis 论文中一些具体隐含参数，应该对其进行细化。首先，他的研究不包括天然气开发少的州，所以需要对更多的州进行研究。另一个重要问题是党派之争。在 Davis 讨论的三种情况下，共和党采取集权的州控制，而民主党则对此进行抵制。Lowry 继续指出，这与共和党更倾向于分散化的传统观念相违背。他建议，有可能是州民主党想要更多的州权力控制，共和党需要更多的局部地方权力控制，加利福尼亚州也许是一个例子。得克萨斯州地方会有大量的自由裁量权，但 Lowry 尚不清楚如果一个地方想要非常严格的管理，州政府会做什么。

Lowry 对 Davis 的研究提出了另一个问题：不同类型的工作组和协同决策中，包括哪些类型促进共识，以及哪些倾向于诉讼。他说，更深入的文献研究没有解决这个问题，天然气开发研究可以帮助提供答案。第三个重要的问题是不同州的反对程度。Lowry 指出不同州在以下两点上的表现不同，即如何良好组织反对页岩气开发的反对方以及大众媒体对技术的赞同程度。然而，他指出另一个问题是整个地区和州的跨界问题。这可能是因为跨界外部效应越多，集中决策的压力就越大。

Lowry 指出，有用的方法可能从几个维度区分州之间的不同。一个是当地反对派的有效性程度，是指反对州天然气生产的经济依赖程度。Lowry 的这些 2×2 维度表，预期结果如下：在有强烈抗议和对天然气经济依赖高的地区，天然气开发会遭遇很多争议，强的依赖性与弱反对可能有利于州政府管理，弱依赖与强烈反对可能有利于限制地方的页岩气开发。

如果按州级管理对未来的预测，Lowry 提出了另一个 2×2 维度表显示，一维代表州政府开发天然气的态度，另一维为反对的条件。他建议，"劝服"或支持州政府接受风险，如果存在一个根深蒂固的反对情况，他会期待进行诉讼。谨慎的政府会注意哪里有强烈反对，当反对派并不根深蒂固，州政府将制定一个不断发展的政策机制。对他来说，这个维度表中的最有趣的是州和反对派都愿意谈，这就可以制定合作政策。

问题与讨论

对随后讨论中的各种参与者提出的问题和意见进行了汇总，主要的讨论围绕以下主题：城乡差异、不信任的影响，以及沟通问题。

（1）城乡差异。参会者提出，州与州之间的城乡差别不同。例如，在东部许多州，农村地区由工作在市中心的人居住。这些人则与习惯了油气生产的原本居住在这儿的人不同。她建议，很多反对的声音来自于那些从事与油气开发关系不大的人。Fullenwider 认为，钻探在得克萨斯州相当普遍可以接受的，但问题出现在城市地区的钻探。Davis 表示，舒适程度受井密度的影响。在科罗拉多州，井密度增加刺激了当地反对者，所以改变了舒适度。Lowry 认为，密集的发展可能会造成城市地区的跨界外部效应。

（2）不信任的影响。来自纽约的网络广播参与者表示对行业和州级法规的不信任，并询问是否考虑更高层次的行业影响力，当地监管更能够给受灾群众有机会控制压裂法是否会发生在他们附近。Fullenwider 指出，由于空气和水的质量影响不会长期停留在一个社区，因此没有地方法规来监控这些风险。Davis 补充，在得克萨斯州，城市拥有地方自治，而国家几乎没有权力对其管理。

另一位与会者问及协同管理和研讨专家是否了解科罗拉多州长 Hickenlooper 真诚合作的想法。Lowry 回答，他不知道州级合作有没有很好的例子，但认为伊利诺斯州可能有。Davis 指出，在伊利诺斯州包括当地公投在内的各种事件都超过了科罗拉多州的合作努力。

（3）沟通问题。在回答关于公司与沟通的问题时，Fullenwider 表示，公司在社区钻井的方法也有所不同。她认为，那些成功案例是很开放地告知将会发生什么：他们告诉人们要出现的噪声和其他方面的过程，并询问社区要求企业做什么能使这个过程变得更好。企业只是表示他们拥有钻探权，但这对社区而言还不够。她还表示，一些企业通过获取租赁使教育程度较低的人群获益，这将非常有利于该行业的发展。

通过非传统管理方法管理和减少风险

报告人：Sheila Olmstead
得克萨斯大学

Olmstead 是美国得克萨斯大学 Lyndon B. Johnson 公共事务学院公共事务方向的副教授，其报告是与美国未来资源研究所（RFF）的 Richardson 共同合作结果，主要探究内容"创新型管理方案"。她通过查阅未来资源研究所在第一次研讨会上供专家讨论的一项调查报告，指出尽管双方在优先考虑哪些风险方面已达成重要共识，但就行业或监管机构是否在减缓风险中应当起带头作用这一问题上却少有默契。姑且不谈这点，Olmstead 与 Richardson 的研究重点在于两种管理方案和监管责任及市场导向型方案，还包括这些方案在页岩气领域的可行性问题。该项研究认识到了却未探讨出一条既能涉及行业又不脱离政府的自愿性方案。

1. 监管责任

问题的关键在于监管方案是否比传统管理更具优点。从 Shavell（1984）的经典之作可以看出，监管方案在某种程度上确实有优势，尤其是在遇到以下四种情形时：①行政相对人比监管机构更能获取高质量信息；②行业执行者有足够的资源支付责任索赔；③那些遭遇伤害的人有理由得到一次上诉并胜诉的机会；④监管方案比普通管理方案的总成本低。以页岩气风险为例，要想通过监管系统解决大面积伤害（如大气污染和水污染）是极其困难的。尽管还伴有其他损失，例如，交通事故或交通损失对私人财产和私人井水的影响，但监管方案还是能够补充普通管理方案留下的漏洞。

为解决一些当事人面临的重要信息缺口问题，Olmstead 称，监管制度应该本着公开原则（如压裂流体化学物质），建立严格的监管职责，取消对过失评定的需要（这就增加了对信息量的需求），转变举证责任（如在宾夕法尼亚州，预钻孔法案规定，如果钻孔在开工之前不对水进行测试，那么一旦地下水受到污染，据推定都是由附近的钻井造成的）。尽管目前仍有许多州的保函要求不足以涵盖所有重大损失，但为解决支付能力问题，还是可以使用保函要求。Olmstead 指出，仅仅有 8 个州保函需求的单井成本超过 5 万美元。她还表示，在有些州，责任保险是运营商有效执行判决的依据。Olmstead 还强调，作为一种风险管理方案，诉讼威胁的最大问题在于危害广泛。降低集体诉讼门槛儿能够深化监管制度，符合信息披露原则，并为管理责任诉讼提供专门法庭或充足的法官数量。

Olmstead 简要探讨了行政法规，包括针对技术(如对井管的水泥要求)和性能(如井管压力级限制)的规范性方案标准("指挥控制")。尽管理论和总统的行政命令都赞成绩效标准，但绝大多数在联邦和州强制推行的行政法规对页岩气的开采有一定影响，均属于技术标准层面。这表明或许在管理方面仍存在成本绩效改变的重大潜力，甚至在这一类规范性方案的实施中也可行。

2. 市场导向型方案

这些方案都是目标汇总或市场水平结果的治理办法，例如某一地区页岩气开采总排放量，以及使用灵活的机械设备达到理想效果。这些方案包括税收、环境市场(如"限量管制与交易"计划)、减少补贴及强制性的信息披露政策。Olmstead 称，不管是在理论上还是在实际中，这些方案比起质量控制管理方案成本效益更高，但在运用层面存在重大挑战。

排污税便是一个典型的例子，但不作为页岩气开采管理方案。然而，开采税被许多州广泛强制实施。Olmstead 表示，这些起初是为了增加收入，但可以用于消除萧条周期和消极的社区影响。理论而言，这些方案还包括页岩气产量的负外部性。但是，对于 Olmstead 而言的一个有效证据便是，当前开采税不会改变开采者的行为，或根据一些模拟研究，就算在更高水平上亦是如此。当然，即使它们确实改变了气候行为，Olmstead 说，它们也没有针对最重要的风险，这些风险不随生产水平而变化(如选址造成的生境破碎，蓄水池对地表水的影响)。在宾夕法尼亚州设立的影响费或许可以解决扩井工程"固定外部成本"的问题，而且可以为靠近敏感栖息地的油井设置更高的价格。用于页岩气操控的环境市场尚未建成(如"限量管制与交易"计划)，但一些现有程序(如氮氧化合物和水质交易)可做适当调整后影响页岩气的开采。水质市场贸易也可用于缺水地区。最后，Olmstead 讨论的基于市场的方案类型就是要求信息公开，如要求披露在联邦土地上操作使用的压裂液成分。

报告结尾，Olmstead 强调，尽管在是否需要新的政府监管及严厉程度如何两个问题上仍需进行不断思考，但很少有人考虑哪些政策工具最有利于降低特定风险。鉴于在效率上的显著差异，Olmstea 认为这种想法很及时。

哈佛法学院 Kate Konschnik 的评论

作为哈佛法学院环境法计划的策略总监，Konschnik 基于一项有关各国风险回应的研究，总结自己曾作为执行诉讼律师和美国参议院的环境顾问时积累的实践经验，并对此次报告做出评析。她总结 Olmstead 的报告并强调以下两点内容：一是管理政策要与风险相匹配，二是在开始一项新规定前应当先对现有框架进行增量式改变。依她的经验来看，立法机构也不擅长这些事。为了激发公众支持度，立法者需要识别重大新问题，确定之后他们需要制定大型解决方案和提出新项目——通常与现有计划的关系不大。

Konschnik 称，尽管大家一直在讨论许多有趣的富有创意的方案，但却一开始就与书上的那些不具强制力的方案联系起来，接着找出遗留的信息缺口以迎合对创新策略的需要，最后确保该方案重新归至传统执行方案上。她强调，如果执行力度太弱，那么工具箱（toolkit）执行力在某种程度上有助于让"看似很傻"的兼容机构重塑完整性。

Konschnik 提出需要大家谨记的四点内容：①当来源较少却很重要时，很容易确定和实施强制措施；②机构不愿意针对大行业、大企业执行措施，即使不被该行业"捕获"，因为他们资源有限，不想在一个方案上押上全部资本——这是不公平的，但却又是一个制度性的事实；③环境规则在历史上较慢适应环境，因此常常落后于行业创新；④联邦和州政府机构的资源紧张，且仍在不断减少。她又补充道，最后一点就是要确确实实为机构寻找志愿伙伴提供可能性。

Konschnik 指出，非常规油气格局构成的多项挑战与上述四点有关。这是一个涉及很多大企业的大行业，但污染源却很小且在不断蔓延。我们对行业压裂阶段的关注已经够多，这一点是与众不同的，但却不太注意行业过程的其他阶段，有时现存法律的在扩展和改变活动上的执行效果并不理想。数据显示，与燃煤电厂这样的能源产业相比，页岩气作业的排放数据非常有限。最后，Konschnik 强调，监管机构的行业影响力是微弱的。此外，由于联邦法律的豁免，与能源产业的其他部门不一样，联邦政府没有足够的影响力让各方参与进来。

消费者亦是如此。为了证明最后一点，Konschnik 想到了化学信息披露法规，该法规早已在 20 多个页岩气开采州开始实施了，其假设有好的信息将允许消费者做出理性选择。她称,此案例假设不成立,因为燃气用户并未获取他们的燃气源自哪个气井的信息。在设计信息披露需求时,政府要考虑终端用户也能使用到一直所需的信息:就页岩气而言,哪些信息对保险公司、机构投资者等有用?最后,Konschnik 强调,任何信息披露需求都要回到执行问题上来。

问题与讨论

1. 监测排放

一位参会者问到在井场使用电子排放监测的可行性,例如电厂的做法,这样就有助于限量和交易计划的推进和传统执法。Olmstead 回答,此方案或许是不现实的,因为上千个气井连续不断地监测,简单地说,要保证所有这些设备的正常运行就是一项挑战。Konschnik 称,电子监测发展前景广阔,有可能那些州的所有气井场再也不需要那么多检查员了,但她同样提到存在挑战问题。例如,宾夕法尼亚州推定的有关气井排放量的责任规则将于 12 个月后截止,即使一个气井的排放量会持续多年。鉴于井的时间范围和数量,很难在法律责任期间追踪记录排放模式。她建议,或许可以降低对安装监视器的气井的处罚,或公司豁免地表水污染的责任,这样,安装了监视器的公司就能够证明他们对污染事件不负责。Olmstead 补充说,尽管技术本身很吸引人,但仍有很多事情还是需要纳入管理制度中。

另一位参会者提问第三方监测和合规验证是否能在页岩气行业中发挥作用。Olmstead 用实例这样回答:宾夕法尼亚的 Marcellus 页岩联盟促成了运营商与州环保部门之间达成协议,即操作员将污水运送到特定的污水处理设施上。但是,协议只涉及一小部分经营者。Konschnik 表示会关注该协议的可执行性,但也举了几个可能有益的例子。她以美国汽车制造商达成的一份协议为例,为报废汽车上的水银开关创建一笔奖金,这样汽车修理厂和废金属公司便可收集水银开关,并将废弃的开关发送至指定的汽车制造商。美国国家环境保护局(EPA)从轧钢厂监测到汞排放,这就刺激钢铁行业对汽车处理厂的该项计划进行监督,而汽车制造商也很有兴趣,因为他们有可能要对大气中的汞排放承担法律责任。

North 想了解如何雇佣组织当地人分散地监测当地的钻井,而非政府雇员。他讲述了一个关于西南方空气照射量的监测故事,沙漠研究所的科学家在许多小镇的气象站上都安装了监测设备，要求当地的科学教师收集测量数据并向社区汇报监测结果。这就为社区提供了来源可靠的本地信息。North 想知道这项方案能否适用于上千个气井的页岩气排放量的监测，因为压裂只在短时间内发生，而当地人的担忧却是长期的。Olmstead 称，与类似国家水力压裂化学药品注册网站(FracFocus)等实体背后的精神相同，其主要依据有毒排放清单(TRI)。FracFocus 网站的分销渠道是 scorecard.org，虽然它是一个全国性的机构，但却给人一种基层机构的感觉。Olmstead 对有效性表示怀疑，因为在当地人获取信息之后就无后续工作可做。她还补充道，很难监测位于私人土地的气井。

尽管只是使用权问题，但 Konschnik 对第三方监测抱有很大期望。她指出，有很多社会成员其实一直都在记录漏损、交通状况和对其他活动的关注，但他们不知道该如何处理这些信息。她补充说，美国国家环境保护局组建了一支小型的、资助低的创新团队，任务就是构建公民科学。为了保证方案的实施，公民需要使用一些精确的测量仪器(也有一些空气检测器可以借用)，还必须采取一些措施处理所需信息，如向泄漏热线汇报信息。Konschnik 认为，这是一个新兴的行业，受资源限制，一些机构正在试着朝这个方向发展，她认为这是有可能的。另一位参会者建议，在气井废弃后第三方监测方案可继续实施，只需一个当地人"接收"这个废弃气井继续监测即可。

2. 责任手段可保证更好地实践

一位参会者想知道行业的最佳实践标准，就像美国石油学会(API)对页岩气操作公布的标准，却无单位执行，是否可以与责任制度相结合，以改善治理。Olmstead 回应，即使运营商采取最佳做法，或许还是不能给其他各方运营商合法的地位。Konschnik 谈道，鉴于当前的政治趋势是不易在非经济基础上获取合法地位，因此，她认为要想降低责任方案的门槛也很难。Konschnik 认为，坚持获取最佳实践信息在某些方面或许会用到，例如，可用于反驳"最负责的人损失最大"这一推定，但要做到这点，反映最佳实践的标准必须前后一致。联邦政府的一个重要职责就是规范标准和检验实践，但她认为这与未来需求还是有一定差距。

3. 开采税资金的使用

一位参会者问道，是不是每一个州的实际环境成本都与开采税有关，而不是在不让其他州的失去该行业前提下将费用尽可能地提高，然后再将这些作为普通收入。Olmstead 不能确定是否有州明确地使用该方法，但她表示确实有些州通过这种创造性的方式增加收入。美国新墨西哥州就是用这些收入创立了一个捐赠基金，在资源被利用后可用来支付成本，而且影响费预计超过 15 年，有可能对其他行为也造成影响。Konschnik 称，影响费在许多情形下都能使用，也会出现一些创新方式使用影响费并对土地管理的选择造成影响。Christopherson 表示，影响费并非基于成本，也尚未计算过。即使对其他方面也有影响，但他们通常将影响费分配给有钻进施工的市政当局。

欧盟页岩气开发管理

报告人：Elizabeth Bomberg
爱丁堡大学

Bomberg 是爱丁堡大学社会与政治科学学院政治与国际关系的高级讲师，主要从事环境政策学比较研究。欧洲的页岩气开发远落后于美国，且在很多方面存在不同，其页岩气开发面临着多层次系统风险评估和管理分散等众多挑战。她指出，欧盟(EU)的页岩气可采储量和开发热情与美国类似。欧盟有整套的宪法确保安全的能源供应和能源市场的平稳运行，其中有对化学品、水质监管等法规。由于页岩开发缓慢，目前正在努力制定页岩气开发的监管框架。具体来说，欧盟已确定了页岩气开发的四项原则，以下 Bomberg 对其进行了详细讨论。

1. 预防原则

主要指在不确定的情况下，决策者应该采取行动以防止严重或不可逆转的环境损害：不确定性不能成为无所作为的借口。Bomberg 指出，这一原则嵌入在许多欧盟的环保法规之中。预防原则迫使决策者收集数据，并进行分析，而水力压裂的反对者抓住了机会，他们认为页岩气开发风险太大，不能继续。这一原则也对页岩气开发的支持者适用，通过这一原则，使其谨慎开发。Bomberg 指出，支持者的观点对一些不情愿开发页岩气的欧盟成员国也有帮助。

她继续指出，预防原则的局限性之一是它需要花费时间和金钱；另一个局限性是社会建构的部分风险，使科学评估可能不具有说服力。Bomberg 指出，由于行业的不公平竞争，该原则被不一致地应用在各成员国，这将会减慢页岩气的开发进程。她还强调，该原则需要关键的洞察力和谨慎态度，它并不是灵丹妙药。

2. 透明度原则

通过要求游说者和申诉程序使登记程序对公众开放；它还需要实质性的透明度（如化学信息披露）。对这一存在原则的理由，Bomberg 解释，其基本原理部分作为建立互信机制，还被认为可以制定更好的政策和更强的问责制。Bomberg 补充，缺乏透明度一直是市民对欧盟能源政策关注的焦点。她指出，这一原则的局限性包括各国不一致的应用程序，事实上，更多信息并不总是更好的信息，透明度和其他目的之间也存在冲突（例如，封闭式谈判可能需要实现一些交易）。

3. 咨询原则

它要求与利益相关者互动。Bomberg 指出，这一直是欧盟的关键优先事项，并已经就页岩气开发进行了深入的讨论，包括从国家层面到地区层面的小组讨论、利益相关者讨论等。该原则的基本原理强调信息收集和利益相关者的进入（所谓的"包容性治理"）。她指出，反对者从一开始就参与框架的制定，还有一直备受关注的当地利益相关者。咨询的局限性是它应广泛和平衡（包括利益相关者的范围），以及可能被视为收买的争议。咨询随着政策的制定而发生，并非发生在其后。资源不仅需要进行咨询，还需要其执行的成果。Bomberg 评论，这个权利很难得到，但它也是至关重要的。

4. 环境的可持续发展原则

有观点认为，所有的决策都应该考虑向低碳经济转型。Bomberg 指出，在欧盟，这是一个比美国更强有力的原则：页岩气开发的主要问题是，其导致资源远离其他能源来源，并锁定对化石燃料的依赖。虽然欧盟有其政治原因推动这一原则，Bomberg 认为，这也与美国有关。她希望将可持续发展纳入讨论，可能帮助解决在强有力的环保运动州和在高密集区的强烈的反对问题。同时，也对页岩气开发使用绿色技术方法进行讨论。Bomberg 发现，在可持续发展原则的局限性是可用作对比论证：页岩气的支持者用它来界定页岩气作为一个"桥梁"的燃料，而反对者声称"页岩可持续发展"是矛盾的。Bomberg 建议，这一原则需要修改为在美国使用，但在这个框架中嵌入页岩气的辩论将导致长期评估。

Bomberg 最后表示，这些原则都有其优点和局限性，因此不应一刀切地应用，但他们可以谨慎采用适用于美国的原则，这是有益的。她强调，所有的原则都是由不同的行为者来推进他们的利益，这种管理不仅需要原则，而且需要执行、监督、验收和协调，更需要从多个政体了解管理的最佳做法。

加拿大页岩气开发管理：新不伦瑞克省案例

报告人：Louis LaPierre
蒙克顿大学

LaPierre 在开研讨会时为蒙克顿大学名誉教授和新不伦瑞克能源研究所的负责人。他首先指出，加拿大每个省通过各自的法规管理自己的能源资源，但是加拿大各省将很快举行会议，制定统一的页岩气开发办法。

他指出，在新不伦瑞克省页岩气是相对较新的能源，并举行了一次公开论坛识别页岩气开发的关键问题。论坛上关注度最高的问题是政府诚信(即普遍的不信任)、水的污染，以及诚信和发生水力压裂的化学物质。

鉴于这些问题和全省的政策决定，将推进页岩气开发，这个问题已成为备受争议的问题，在某种程度上，讨论没有进展。LaPierre 撰写了一份报告，呼吁建立一个独立小组，制定以科学为基础的信息，为能源和矿业部长及公众提供决策支持和信息。省政府采取了这一建议，在 12 个月内建立并资助了新不伦瑞克能源研究所，LaPierre 为主席。同时，他介绍了研究所的结构信息。

该研究所已开始解决几个公众咨询提出的利益相关者问题。一个关键议题是对失去价值水井及其他损失人的补偿，由一个退休的首席法官担任独立的监察员管理该过程。企业被要求每口井投入 10 万加元，成立一个监察员管理基金，最终由监察员决定做出赔偿。LaPierre 指出，如果他们确定了补偿，页岩气开发反对者中有 35%的人可能会同意页岩气的开发。

另一个议题是法规。LaPierre 解释，政府出台操作细则，包括政府卫生委员会对压裂化学物质的登记，允许通过医生访问可能需要治疗的接触者的信息。

LaPierre 表示，该研究所拥有一批科学家，已汇聚来自加拿大和美国机构的 20 个研究人员，通过公共圆桌会议共享研究信息。还有一个能源圆桌会议组，包括了代表广泛的利益相关者，即共享信息、问题辩论，并要求从科学组获取更多信息。这些活动的目的是增进了解，整合科学和通过向部长报告推动科学进入政策领域。

LaPierre 指出，该研究所还计划针对关注的各种问题每年举行一次会议。

那些问题可能是被许多人认为的页岩气开发将导致小村庄"失去灵魂"，并担忧大量货车通过小的、安静的村庄会对其造成的破坏性影响。为了应对地震活动的担忧，最近研究所与加拿大地学服务合作安装了一系列近地表监测器，监控的数据将被放置在一个公开的网站。

问题与讨论

1. 关于欧盟现状问题

一名与会者问 Bomberg 如何讨论欧盟上演的化石燃料锁定和页岩气可持续发展的关系。她回答，如果作为一种过渡燃料，目前页岩气可能会被许多反对者接受，但也有人怀疑是否会出现这种情况。欧盟一直大力支持可再生能源，而最近开始减少。她指出过渡燃料争论尚未达成一致，但她认为如果可持续发展成为讨论的中心，如果页岩气被看作是过渡燃料，页岩气将更有可能被开发。

另一位与会者问，禁止水力压裂的欧盟国家是否有共同点。Bomberg 回答，没有明显的共同因素。成员国中最强烈反对的是法国，其页岩气储量位列欧盟第二，并且对于核电风险的接受没有困难。她认为核工业的经济利益在发挥作用。在法国，美学问题也很重要。法国受访者认为页岩气开发会破坏景观。波兰是页岩气开发最热情的支持者，她表示，这样可以减少对俄罗斯天然气的依赖程度。她指出，在一些国家，环境问题可能是他们反对页岩气开发的最主要因素。

与会者提出，是否欧洲社区可以通过收入共享，允许页岩气开发和部分收入分配给可再生能源的发展。与会者指出，该建议已在宾夕法尼亚州提出。Bomberg 回答，欧洲采矿权属于国家而不是社区，但欧洲一些政策创新为每口井的勘探低碳能源计划提供了资金支持。

2. 关于新不伦瑞克省的问题

有人向 LaPierre 提出，新不伦瑞克省的做法是否会扩展到更多的人口高度密集的地方。他回答，魁北克省正计划效仿新不伦瑞克省的做法，这将是有趣的，并期待未来的进展结果。North 对新不伦瑞克省的赔偿制度给予了好评，他认为该省向伤害人提供了快速、可靠的补偿。他还要求阐述有关新不伦瑞克研究院在全省页岩气开发中的作用。LaPierre 回答，页岩气开发被视为全省经济发展的重要组成部分，存在出口到外部市场的可能性。他表示，页岩气获得的一些利润将进入资产池，以支持省内其他产业发展乃至可能转换以天然气作为运输船队的主要动力燃料。新不伦瑞克省正在评估天然气资源，并进行商业案例研究，以确定天然气收益进入资产池、出口和行业的比例。一项超过10年的计划是在新法规背景下钻探试点井，并对研究所有关的成果和遵守的法规进行评估，之后将作出是否及如何进行进一步的开发的决定。

新不伦瑞克者的一个网络直播的参与者提出，为什么该研究所选择省外专家成为科学咨询委员会的组成人员，以及为什么没有公众被邀请参加圆桌会议。LaPierre 解释，除一名专业成员外，科学咨询委员会成员均来自新不伦瑞克省。

（翻译　王立伟）

第13章 当天讨论评论

第二次研讨会的4位发言人：Fullenwider、Wiseman、Bomberg 和 Konschnik 对第一天的讨论进行了总结。

Fullenwider 强调执行。她称，制定法规的人必须考虑执行人及其执行能力。如果没有足够的执法人员，经营者便会挑战极限。她表示，市民有益于执法，并可以为市民提供 24h 热线电话，以便报告油气漏损和其他问题。她指出，在利润的驱使下，如果法规能使企业获利，企业甚至会严格遵守法规。在 Fullenwider 看来，对于经营者来说，社区的压力甚至比法规更有效。

Wiseman 认为，市民可以在很多方面协助政府。她称，市民参与有助于披露检验记录，但迄今为止，只有少数国家在这方面拥有强大的数据库。她指出，需要更好地协调各州间及各州与美国国家环境保护局之间的关系，但同时也存在难度，因为许多机构更倾向于通过限制信息来保护其声誉。她说，环境强制责任保险不同于债券，是一个前景光明的政策方针。当污染出现时，联邦机构的债券和支持有可能无法抵消成本。强制保险将激励保险人监督经营者，从而提高绩效。在回答一位研讨会与会者的问题时，Wiseman 指出，当成本信息较少时，愿意提供保险便是一项挑战。她建议使用两种互补方法来应对这一挑战：在要求被保险前，提供与风险相关的更好的科学信息；像核工业一样承担保险风险。最后，Wiseman 将收益分享归功于对低碳能源选择的再投资，以此作为解决页岩气消费对气候影响的一种方式。

Bomberg 强调了协调管理层面和灵活性策略（如性能标准）的需求，以及区域性解决方案和制度化政策学习的重要性。她强调，执行和监督对治理系统的完整性至关重要，并为欧洲提出了一些中肯建议，即要求公司付费来扶持独立监督。

Konschnik 谈及一些有助于美国联邦政府治理的方法。她发现了数据收集和数据共享的作用，并指出："联邦机构已经将多个来源的地质和化学数据结合起来。他们还可以统一测量方法、收集最优监管和公司最佳实践方面的数据"。她指出，许多环境法使联邦政府参与一些活动，如设定最低标准和提供资源，同时把实施和执行权交给州政府，她建议联邦和州政府机构之间应该更多地开展此类合作。她建议，可以让联邦机构培训州政府的环境员工，而不是让企业培训，因为那样会更麻烦。在回答与会者的提问时，她承认要想实现联邦和州政府机构之间的合作比较难，但她称，这种互动，特别是在公众场合，将有助于打造管理过程的诚信。

（翻译　王立伟）

第 14 章　政府之外的管理

环境自治：产业效应的条件

报告人：Aseem Prakash

华盛顿大学

Prakash 是一位政治学教授，华盛顿大学艺术和科学学院的 Family 席位教授，也是该校环境政治学中心的主任，从事自愿性环保项目。他的评论总结了来自数个社会学学科的有关企业自治的知识，并在他与 Potoski 合写的论文中对自愿性环保项目（voluntary environmental programs，VEPs）有大量介绍（Potoski and Prakash，2013）。该文包含许多详细的案例，但现场试验较少，Prakash 指出，VEPs 存在 3 个核心的问题：①这些 VEPs 从哪儿获得资助，如何开始？②VEPs 如何吸引更多的企业加入？③在设备、企业和产业层面，VEPs 如何提升环境绩效？

他将 VEPs 定义为，企业通过参与 VEPs，达到超越政府管制要求之上的环境绩效目标。在生产过程中，VEPs 可以制定一些体系、标准和目标等，VEPs 可以由行业协会、非政府组织（NGOs）或政府单独发起，也可以是他们之间联合发起的以协商为基础的双边自愿性环保项目。

Prakash 认为 VEPs 很重要，因为企业进行环境管理需要满足经济合理性，而且他们也没有必要为此单独采取行动，如降低废物处理成本。企业参与 VEPs 是因为他们可能创造出 Prakash 所谓的具有环境美德的市场：他们允许那些具有良好环境美德的企业标榜他们自己，就如那些利益相关者奖励他们一样。他们确认这些企业具有良好的管理，这也可以为这些企业带来经济效益。VEPs 的一个优势就是作为集体的事业，成员都是公开承诺并且共同面对撤回的风险。同时，参与这种协议的企业越多，他们也就是具有一定规模的经济体。

Prakash 指出，VEPs 还存在几个遭人诟病的地方：因为 VEPs 很容易加入，导致一些不良的企业进入而进行"漂绿"（greenwash），VEPs 可能抢先进行更严格的管理；他们可能"取代"一些监管机构，可能越过一些民主程序。Prakash 表示，如政府法规一样，VEPs 只是在一些项目的设计时是好的：区分 VEPs 的好坏非常重要。在设计的过程中有两个关键的问题，即 VEPs 施加给成员们的义务以及这些义务的监管和实施。矛盾的是，规定越严格、执行成本越高，加入的企业就越少。而对于 VEPs 而言，他们必须吸引的不仅仅是那些少数具有最好的环境管理的企业。

关于 VEPs 的兴起，Prakash 给出了如下几个原因。行业协会有时需要发起 VEPs 以维护该行业自身的声誉，一些非政府组织可能发起 VEPs 以回应一些标准法规的失败，政府可能资助 VEPs 以打破一些监管僵局。这些情形下产生了一个有趣的现象，企业想加入一些项目但又不希望被迫这样做，结果就是一些行业如林业，他们加入多个不同赞助者发起的 VEPs。

据 Prakash 介绍，影响企业决定加入 VEPs 的一些外部因素包括：来自行业协会的压力，一些行业协会将加入 VEPs 作为其准入门槛之一；供应链的压力(例如，一个国家的消费者在另一个国家则是供应者)；社区的压力，坐落在一些相对富有的社区的公司被要求加入 VEPs，而在相对贫穷的地方则没有；来自非政府组织的压力；对政府监管的遵守和强制执行的折中做法等。Prakash 补充道，研究还表明一些内部因素也会影响企业加入 VEPs 的自愿性，例如，公司的规模、环保达标历史、企业的跨国性质及企业文化等。

Prakash 称很难回答 VEPs 是否起作用，因为它需要对已经做的一些事情进行比较，也因为它需要从不同层面进行分析。研究发现，绝大多数在设施层面的环境改进都是比较温和的，监管和执行才至关重要。研究也发现一些新问题，Prakash 继续说道，例如，项目是否具有外溢效应，这些项目是否比公共管制具有更大的影响，或者在一个部门内的多个 VEPs 是否存在破坏效应。

Prakash 以以下这些认识作为其结束语：所有的监管体系，无论自发成立的还是政府组建的，都有共同的设计特点，其所有的管理系统都可能是失败的。他称，人们对于 VEPs 应该有一个比较现实的期望。用自愿监管取代公共监管就是一个稻草人：问题是如何增加自愿性，一个主要的挑战在于改善小型和中型企业的环境绩效。Prakash 指出，监管体制是从行业规则诞生以来就一直存在的问题，并且将继续成为政府和自愿监管的一个问题。

页岩气行业自我监管潜力的评估

报告人 Jennifer Nash
哈佛大学

Nash 是哈佛大学肯尼迪学院 Mossavar-Rahmani 商业和政府研究中心的执行主任，主要研究创新环境政策。她认为企业的自我监管非常有效，尤其是在页岩气和石油领域。她特别关注宾夕法尼亚州，因为那里有很多油气开采活动，主要关注该州油气开采商的大量信息及他们的法规遵从性。Nash 认为，那些开展对健康和环境造成了最大风险的商业活动的企业应该加入自我监管，包括生产商、服务商、天然气加工商、管道公司、采购商、天然气公共事业公司等。她的演讲只针对生产商和服务公司，但是她指出，其他的机构也同样是造成隐患的重要来源。

Nash 表示，在宾夕法尼亚州，生产商是监管机构的主要对象。宾夕法尼亚州有 75 家公司，打了超过 9000 多口钻井，其中一些大型公司主导了绝大多数的生产。5 家公司拥有该州接近一半的钻井；21 家公司分别仅有一口或两口钻井。这 5 大生产商的来源完全不同。最大的是 Chesapeake 能源公司，也是美国第二大天然气勘探公司，主要关注勘探与开发。第三大生产商是 Talisman 能源公司，该公司是总部位于加拿大的国际油气开采加工公司。Royal Dutch Shell 的子公司 SWEPI 及 EQT 公司也拥有大量的管道和营销业务。

Nash 称，违反监管条例的行为的最常见类型，包括废物处理、污染防治、危害水供应、侵蚀防控、坑槽和水坝建造及水泥管的管理。环保成效是不均匀的。她补充道，正常来说，每家公司违规次数和罚款数额一般与该公司的生产规模有关，但是按照当前的监管体系，相比较而言一些公司却只有极少的环境记录。Nash 指出，尽管一些生产商的钻井严格依照法规，但是相关的服务公司则在背后做了大量违规的事情。此外，许多新的公司也加入了油气服务行业。过去 10 年，该领域三大公司所占份额从 80%降至 62%。

Nash 提出，任何有效的自我监管体系都需要解决行业内一些企业的共性问题。自我监管体系的许多要素都已经到位。当前已存在许多的行业协会，包括一些钻井商、小型生产商、独立石油公司和大型生产商，而 API 自称代表了整个行业。API 向它的成员们提供了自我监管模式的一个清单：产品认证、管理体系标准和其他一些纯自愿的方法。API 拥有一些在行业生产中多个阶段最好的生产实践标准，包括即将来临的社区参与标准和服务企业的质量管理。

Nash 提到，在页岩气行业领域有关自我治理的两项创新。一个是海上安全中心(Center for Offshore Safety)，这是 API 在深水地平线事故后为提升海洋钻井行业中的"普及安全文化"提出的，也是针对联邦对于海洋钻井实施安全性和环境管理体系的要求，同时也是第三方审计与认证。另一个有趣的例子来自美国化学理事会的责任关怀计划，该计划要求成员采用责任关怀管理系统，该系统必须进行独立的审计和验证。目前美国化学理事会已将该计划延伸至其供应链。

Nash 最后总结了自我监管有利和不利的数个因素。不利因素包括：企业的规模各不相同，从家庭作坊的小型公司到大型的全球性的国际公司；难以确定最佳实践领导者；服务公司承担环境风险活动的重要性，尤其是在幕后；事实上现有的自我监管项目都是纯自愿的；公司之间缺乏集体认同，或缺乏一次重大事件来获得这种认同。有利因素包括：公众、立法者和企业对于风险的日益关注；一些公司担心他们的声誉被其他不良的企业拖累；事实上行业已经采取一些初步行动；一些新兴模式强调第三方审核和认证。Nash 表示，这些新的模式还有待进一步观察。

问题与讨论

讨论会上提出了许多有关行业自治潜在效果的问题。参与者的问题和意见总结如下：企业自治与政府监管之间的关系、服务业的管理、多个 VEPs 的问题、各国之间的差异、社区之间的相互作用和压裂液的"绿化"。

1. 企业自治与政府监管之间的关系

在回答该问题时，Nash 表示，企业有时会走在政府监管的前面，并将它的标准融入政府的监管体系。她指出过去许多 API 最佳实践标准都融入了政府的监管规则，而且这可能在页岩气领域再次发生，API 的标准将融合各州的监管规则。Prakash 补充称，这种现象在那些监管薄弱的国家中经常发生，这也是从跨国公司那里获得的经验。他表示，以页岩气为例，美国被看成是一个失败的例子，如此重要的产业其管理却很分散。他指出，激进派认为自愿性项目的真正价值就是在政府监管薄弱的时候得以体现。但是有效的自愿性监管必须是有需求的，利益相关者必须对企业抱有负责任的态度，并且有对环境保护相关证明的需求。他感觉到许多公众的不信任和不安，只是这些不信任和不安还没有转化为对具体活动的具体要求。

RFF 的 Mares 指出了企业自治的局限性和政府的重要性。他引用了 RFF 的报告"谨慎开发(Prudent Development)"，该报告指出，由于油气行业对反垄断异常敏感而声称该行业的公司之间达成限制竞争的协议，通过自我实施以对抗规则破坏者。因此，美国国家石油委员会建议必须给予联邦和州监管部门充足的资金以保证管理部门有效的监督，为此该委员会可能采用以收费为基础的融资机制。

2. 服务业的管理

一位参与者以他在宾夕法尼亚州的经历讲道，许多运营商将有风险的操作分包给服务商，当出现昂贵的赔偿时服务商就宣布破产。他指出，这种现象对企业自治的有效性提出了很大的挑战。另外有参与者同样对生产商之间不同的自治规则对服务公司的效力提出了质疑，例如，一个自治的生产商称不能将它的标准强加到服务商身上，因为他们很快会从一个生产商转移到下一个生产商那里，而每个生产商又有不同的标准。Nash 回答道，破产问题确实是一个令人不安的挑战，生产商和服务商之间的关系的问题非常关键。她称可以像海上安全中心那样，与服务商签订一个标准合同，可以包括第三方监督等的一些条款。Prakash 补充道，生产商可以联合起来为分包商建立一些标准。他表示，这个方法已在服装公司为多国的生产商建立劳工标准时得到成功应用。一位参与者区分了从负债角度考虑环境保护的公司和那些有责任感的公司，他说他的公司就属于后者，并且已经发起了一些需要服务商参与的项目。他建议，国家可以建立服务公司的审批标准，而生产商只能雇佣那些获得通过的服务商。

一位参与者问在处理资金不雄厚的企业负责危险工作时，是否有关于自治企业草案和利用标准的相关模式，例如，决定保险利率和是否放贷。Prakash 回答道，这个问题本质上是执行过程是否可以由企业自身实施而非政府。他表示，考虑到目前页岩气生产商的高度分散性，这是一个令人兴奋的发展领域。该过程的关键就是审计，第三方审计成为黄金标准。Prakash 建议，基于社区的监督也是必需的，因为这也符合一个负责任的企业的利益，并且值得追求。

3. 多个 VEPs 的问题

一位参与者问在页岩气行业是否存在相关认证机构之间的竞争，如林业行业一样。Nash 称，页岩气行业已经准备好了这种竞争，并且这种竞争可以促进绩效。例如，新的 CSSD 标准可能与 API 的纯自治管理形成竞争。Prakash 指出，现在还不清楚多重标准是否会促进竞争。他的观点是，该行业没有抵触事件，该严格标准的风险溢价也还不清楚。他也指出，关于信息过载的问题，要告诉利益相关者哪些信息是可靠的非常困难。最后，他建议，权宜之计就是对社会许可有不同需求的公司将接受不同来源的标签。

4. 各国之间的差异

一位参与者问道，各国之间关于自治是否存在不同，例如，政府监管薄弱时或者公众反对意见强烈时是否有更多的自愿性管理？Nash 回答道，积极参与的社区将推动政府监管和自愿性监管，并且政府监管的威胁也是自愿性监管的动力。在一些国家，这种压力似乎已经出现，她表示，当这种现象在足够多的国家出现时，国家贸易协会将接受这一挑战。Prakash 指出，如果 Marcellus 合约已经通过，那么它将在其他地方得到推广和完善。

5. 社区之间的相互作用

回答这个问题，Nash 称与当地社区的沟通是一个主要问题，石油行业对这一问题还没有专门的守则。Prakash 重申，虽然这些风险被普遍关注，但是对于社区的需求还不是很清楚。他表示，不管是美国还是其他国家，公众的接受是行业发展的长期问题，在这个阶段，行业缺乏良好的沟通。他认为，最终行业将意识到其生存将取决于更好的沟通。

6. 压裂液的"绿化"

参与者问是否有对压裂液的"绿化"的自愿性监管。Nash 表示，关于这一点，注意力主要集中在液体的披露；基于该披露可能有助于液体绿化。她指出，FracFocus 数据库存在严重的缺陷并需要加强，例如，其至连服务公司都没有提到，而他们则是压裂液的最大用户。

（翻译 刘 学）

第15章　通过系统的安全文化进行风险治理的潜力

报告人：Nancy Leveson

麻省理工学院

　　Leveson 是麻省理工学院航空和航天科学教授,从系统原理的观点来研究事故。她是有管理专长的安全工程专家,已经在油气行业工作数十载。她表示,安全文化存在于整个行业和各个公司,它们包括潜在的价值系统,且不会随着组织架构的变化而轻易改变。她指出具有很强的安全文化的 3 个行业分别是商用飞机、核能和核动力舰队,它们的安全文化形成于不同的原因。在商业飞行方面,20 世纪 50 年代,Boeing 意识到如果人们不信任其安全性,就不会有航空业。所以他开始创立行业内的安全文化。核能行业也是受制于私人无法为灾难性的损失提供保险。作为回应,联邦政府同意提供保险,但该行业必须接受安德森法的管制。核动力舰队在 1963 年长尾鲨事故之后建立了杰出的安全程序 Subsafe。在此之前每年都有 2～3 起水下事故,而此后没有潜艇失踪。

　　Leveson 说,不能单纯指望行业从事故中吸取教训。常规的模式是如果一个事故在另一个公司中发生,就会指责是那个公司的失败;而如果事故发生在领导人自己的公司,通常就会指责一些低级别的员工然后被遗忘。当然,也有从事故中吸取到经验的时候。在三里岛事件后,核能行业建立了核能运转协会(INPO),它是一个优秀机构,把众多来自同行的压力和监管投入到运营的公司。她列举的第二个安全文化改变的实例来自 Colonial Pipeline 公司,曾经因为发生太多的事故以致美国的司法部门威胁称要将其执行总裁(CEO)监禁,后来公司换掉了执行总裁。Leveson 接着说,尽管改变需要很长的时间,那家公司最终建立了经营理念,所有的员工都入股,使所有的受伤和事故变得可预防;安全绝不会为其他生意上的目的让步;领导层对员工、承包商和公众安全都负有责任;并且预防事故就是一个好的生意。Leveson 强调,这些原理需要靠行动支持使其得到信任并且变得有效。

接下来，Leveson 划分出 3 种有缺点的安全文化。最常见的就是一种否认文化，据她所见这在油气行业最普遍。在这种文化下，领导人仅仅希望听到好的消息；领导人不做适当调研就无视可靠的风险评估和警告；并且事故被当作是为生产而不可避免付出的代价。还有一种顺从文化，公司关注遵守政府管制，并且制造有利的论据显示公司的运营有多安全。最后是纸上谈兵文化，发布很多的分析报告但是并没有对运营产生作用。

很多油气公司宣扬他们有杰出的安全记录，这让 Leveson 感到难以置信。这个行业表现否定文化的实例很多，包括宣称"我们的事故率正在下降"，显然是基于统计数据才能给出的最好结果；"这是一种很危险的生意"；"每个人都会违反安全规定"；Leveson 指出，飞机在 30000ft 的高度飞行，潜艇带着核反应装置在深海行动，比起石油行业都处于更加危险的环境，然而它们的安全记录却更好。

为了回应本次研讨会组织者发展该行业牢固的安全文化的要求，Leveson 首先指出，坚强的领导力是这个行业安全文化的关键，一个机构的态度和价值观取决于顶层。她引用了 2003 年美国航空航天局（NASA）对哥伦比亚号宇宙飞船事故的回应作为最典型的反面例子：航天计划的首席在事故发生后立即坚决地向公众宣称安全的重要性，但是第二天发邮件给自己的团队，明确表示完成项目目标优先于安全性。Leveson 说，机构里的所有人员了解真正的优先级是依靠目睹决定是怎么做出的，资源是怎么分配的，还有高层的官员是否对安全负责。

Leveson 同时引用 Alcoa 公司作为正面的例子，在 O'Neill 接任 CEO 以后，他告诉自己的投资者：我要为零伤亡努力。最初，一个股票经纪人听了这个消息，说董事会找了个发疯的嬉皮士年轻人来领导，他将搞垮公司。经纪人建议他的客户迅速卖掉股票。但是这个公司的利润在 O'Neill 讲话后的第一年就达到了新高，而且在他的任期内持续增长，同时 Alcoa 成为全球最安全的公司，Leveson 认为，O'Neill 明白提升安全性可以提高生产力，两者并非存在矛盾。她把安全比作使得公司激起浪花的基石。O'Neill 给他的下属他的私人电话，并请他们如果遇到安全问题时就给他打电话。此后，O'Neill 在家里面也开始收到了其他方面利于公司的建议。

Leveson 说还有一个关键点，责怪是安全的敌人：当你开始指责别人，他们停止交谈并且掩盖一些小问题。过失责任遍布整个油气行业，但是另一方面安全性高的公司给同行的压力非常明显。因深水事故导致停钻使行业内的优秀公司将压力都甩给了 BP 身上，并支持建设一个海上石油安全中心。Leveson 辩解说，这个行业的顾客往往比政府监管更有力。她以美国食品药品监督管理局为例，它不会干涉医疗设备的过渡放射性，作为购买该仪器并为其病人考虑的医生则已经着手建立标准并且强制生产商照标准执行。Leveson 认为，API 的标准没有发挥作用，并建议把顾客的安全考虑进去，通过激励机制来提升这个行业。

最后的例子是消费者的权利，Leveson 说 Costco 公司努力通过建立零售商、食品生产者和农场工人的联盟来降低食品污染。以前，农场工人是个体结算收入，如果被报道污染，那么他将失去收入，所以他们很少这么做。联盟教导农场工人识别食品污染的信号，并且训练他们，同时提供更好的收入和工作环境。这个项目有效地将这些训练有素的农场工人安排在了整个产业链当中。Leveson 补充描述了一些没有预料到的收益，包括工人更好的情绪和斗志，这些效果在其他的行业也可以看到。虽然 Costco 公司生产成本更高，但是消费者愿意花更多的钱来保护他们的孩子远离疾病，所以这种投入是值得的。

俄勒冈大学 Jennifer Howard-Grebville 的评论

Howard-Grenville 是俄勒冈大学管理学院和可持续商业实践中心的副教授。她研究将环境设计方法集成到半导体行业，同时监测加拿大的油砂产业中的"可持续文化"。从组织管理原理的角度来看，她认为机构的文化对环境影响的研究非常有限，而安全文化的研究要多得多。它们两者有所不同，安全的问题可以表现在个人方面，然而可持续的问题很难在这方面表达。但是，安全文化方面的工作能提供洞察力。研究强调沟通很重要，但是还必须以示范、激励机制和培训得以补充，以及努力确保个人和团队在公司能按照公司的承诺做事。

她指出，机构的文化强调价值共享，可以促进或者阻碍实现环境的目标。在油砂行业，一个公司已经知道需要创新和冒险，所以引进程序化的公事难以奏效。Howard-Grebville 也认同，在团队、机构或是行业层面，如果只是日复一日的模仿和实践"文化资源"，那么已经与其价值无关了。他们可以从一个公司转移到另一个公司，但是需要成为一个这个机构的文化的组成部分才能生效。

密歇根大学 Donald Winter 的评论

　　Winter 曾任 TRW 系统服务的主席、海军部长，在国防和航天领域他都负责应对安全问题，靠这方面的经验，他回顾并评论了深水原油泄漏问题。和 Leveson 一样，他也认为海军 Subsafe 程序是一个非常好的实例，为安全管理体系设计得很合理，优于油气行业的同类产品。他指出 Subsafe 安全程序的对象有特殊性，它仅局限于潜艇是否能安全地下沉和浮出——主要关心这两个问题。它不涉及其他的海军的或潜艇的安全问题。然而，通过关注这两个特殊的问题，为仪器和员工制定了很多的重要标准。定期告知每个员工的义务，以及如果出现事故会发生什么，包括细致地讲述生命损失。海军对责任和义务有很强的概念，一旦接到命令，执行官员就对发生的一切负责，发生严重的事故可以撤销长官，哪怕是刚收到命令就发生了事故。知道自己负有责任，使得长官们一开始发号施令就会关注安全。Winter 相信，这种对人的关注是成功的关键，而且比关注技术更加重要。

　　Winter 将海军的实践和油气行业他所见到同类操作进行对比。尽管有预算的压力，海军目前还是能完成这件事情，而不像中国或俄罗斯一样花较少的钱但不关注安全。相反，在油气行业，公司都规划自己的有效利用资本和管理责任。Winter 认为，它们似乎更优先制定雇员问责制度。举个例子，当事故发生了，如果公司的经理负责，那等同于承认错误且暴露了公司的责任。

　　Winter 表示，这个行业需要意识到很有必要发展强有力的安全文化。安全总是需要权衡的，尤其是在安全和生产力之间，但是在油气行业，CEO 常常把降低成本放在比其他一切目标都更重要的地位。Winter 强调，书面的规定永远不能满足权衡的需要，因为技术发展得太快。真正需要的是一种文化，它能够在权衡的过程中提供有力的支持。他也说这个行业需要明确员工的责任问题，监管者也应该建立机制奖励那些实施了安全文化的承包商。他描述说，美国国防部的决定是基于最高的价值，而不是最低的成本。

问题与讨论

1. 提升安全文化的可能性

Wiseman 提出几个可能的建议让小组成员讨论。一个是在油气行业建立一个类似核能运转机构（INPO）的组织，鼓励行业、政府和非营利组织参与。Leveson 回应说，一个像 INPO 的组织可能是个好主意，但是政府不能进来，因为企业不会泄露任何信息。Winter 补充说，INPO 有很多的退伍海军老兵，他们在核能运转方面很有经验。

Wiseman 提出的另一个可能性是建立独立运作的安全部门，负责适时的提供负面的消息。发言人对此则不感兴趣。Winter 不喜欢独立的运转机构，因为安全问题不能这样分开。他指出 BP 有一个独立的安全部门，但是它的权力不高于其他部门。他说要提升安全性，安全的文化必须深入每个单元中。他认为海军的独立技术权威的理念可能是一个模式，它规定里面的每个人都对机构负责，不能在没有负责人批准的情况下违反机构标准，负责人被赋予管理安全问题的权利而无须承担花费压力。

Wiseman 的第三点建议是让政府机构或非营利机构公开奖励那些表现好的企业，该建议没有受到发言人的进一步评论。

在讨论中，Winter 表示，从行业层面上来说通力合作可以降低风险，而竞争则会成为合作的绊脚石。他指出核电行业并不像石油天然气行业那样具有竞争力，随着竞争的加剧，企业会加剧维护产品所有权，因而不利于信息的共享。Leveson 说竞争并不是一个不能逾越的障碍，尽管商业航空产业竞争激烈，然而他们找到了一种匿名信息共享的方式推进安全，并从中获益。

2. 安全文化评估

Leveson 在回答如何估量安全文化时说，我们混淆了职业安全、个人安全和系统安全这几个概念。个人安全是个人自身的责任，而系统安全则不同，目前大部分对安全文化的估量都只注重职业安全。Winter 指出，职业安全很容易度量，但对于统计像深水漏油等大事件的非常少，而且这些事件没有直接的可比性。他说文化是人们会主动去做而无须他人告知。若想评估安全文化，我们需要了解决策是如何做出的及如何在生产力和安全性之间的权衡和调整。Howard-Grenville 认为安全性是可以衡量的，但是这个领域并不擅长去衡量安全文化所产生的结果。

3. 安全文化和可持续发展文化的关系

Leveson 在回答与会者提问时说，安全性和可持续性涉及不同的价值体系且在本质上并不是密切相关的。然而她提出的系统安全概念包括了环境因素。Winter 说要想促进安全，必须注重细节，对细节的敏感度使人们思考后再做决策，因此有助于实现各种安全目标。

（翻译　吴　伟）

第16章　公众和利益相关者参与管理和降低风险

报告人：D. Warner North
NorthWorks 股份有限公司

　　NorthWorks 股份有限公司咨询公司主席、首席科学家 North 对面临问题的能源和环境保护领域的私企和政府机关应用了决策分析。他的开场白总结了 NRC（National Research Council, 1983, 1996, 2008）之前关于如何确保科学在不确定及存在争议领域得到良好应用的报告，尤其是如何引入感兴趣的和受影响的团体参与，这两个团体后文简称为"利益相关者"。1983 年的 NRC 报告《联邦政府风险评价》被尊为"红皮书"，它指出，风险评估应当根据风险管理人的要求而量身定做，并且这个过程必须要双方对话。他指出，美国国家环境保护局的领导层在风险评价与风险管理的概念上的分离存在误区，认为这种分离是组织的分离。并因此认为，应当先进行风险评估，然后将风险特征交给风险管理人作为行为准则，而不是就问题的本质及优化确定风险特征进行对话。

　　North 认为，之前对于利益相关者参与的解释多局限于让其评说或写评论等，而其实参与的关键应在于双方的沟通，具体说来就是相互尊重地倾听。标准的环境影响报告书和公告-评论的制定程序均是在一种线性流程下运行，该流程始于文件的准备，继而进入评论的请求。因此，在处理一些有争议的问题时，这种公告-评论程序被普遍认为略显分离也就不足为奇了。1996 年的国家研究理事会报告《理解风险：在一个民主社会公布决定》中，描述了一种双向沟通的过程，这种沟通在分析（信息收集、解释等）和审议之间反复进行，以便提升分析和决策过程的效果。该报告强调五点关键需求：①正确理解科学（这也是 1983 年的报告的关键点）；②找到正确的科学（即将问题限制在反映感兴趣和受影响团体所关心的内容范围）；③找到正确的参与者；④正确理解参与；⑤开发一种准确、平衡、信息充足的综合体。

　　《公众在环境评价和决策中的参与》（National Research Council, 2008）分析了关于获取正确的参与和正确理解参与的所有知识，最初目的是为了在某些行为正不正确这些细节上达成一致，最终由委员会得出结论，这更像一种艺术形式。该报告将品质、合理性、容量作为公众参与的三个目标，指出如果正确运用公众参与，这三个目标都会得到实现。但报告同样指出，公众参与行为有时会使问题变得更糟糕。North 说，要想提取一份很详细的报告中的精髓，必须要有领导能力和倾听能力，而后者包含尊重局外人和反对者的意见并能确保有效评估其提出的意见。他还强调，在这个过程中迫切需要分析和协商，而擅长分析的专家不一定同样擅长协商。

North 继而谈到将分析与协商结合应用于页岩气开发的问题，在他看来，这两者对于问题界定尤其重要。他提到，在很多不同层面或范围都需要分析。全球范围内，页岩气广泛分布于多个国家。谈到温室气体排放问题，North 指出，中国的一个问题必须要引起重视，那就是虽然页岩气能够代替每周开放的火力发电厂，但甲烷排放问题仍未得到解决。在国家范围内，基于可持续发展、能源战略、低价能源经济效益的考虑，页岩气开发都是很受欢迎的。但是随着气价的降低，可再生能源竞争力也逐渐减弱。在页岩气是否能作为一种短期"过渡"能源的问题上，引发了复杂的国家政策问题。

North 继续指出，区域层面是这次研讨会重点关注对象，从上文的陈述和讨论可见，在如下几个领域分析-协商过程都很关键：①预测并管理社区影响；②治理压裂液中化学物质泄露以及用盐水替代有毒化学物质；③向民众报告采出水的处理情况、地区水资源分配状况及土地使用等相关事宜计划；④寻求改良的安全文化以降低空气和水的排放，针对欠佳表现采取监测和惩罚制度；⑤开拓新途径，以获取可能对偏差表现进行报告的工人和其他人群的意见；⑥开发检测气井完好性的最佳实践方法，必要时还可引入地方当局的独立监测；⑦确定统一的方法来检测污染物或甲烷泄露并实时评估损害。

North 总结称，页岩气开发是一个与核武器、废品处理、纳米技术等同样复杂的政策问题。而针对这类问题，分析-协商步骤都表现出良好的前景。尽管正确实施这个步骤将面临困难，但却值得尝试。

波士顿共识建立研究所 Patrick Field 的评论

Field 任共识建立研究所常务董事、麻省理工-哈佛公众争议项目副总监。他的工作类似于服务商，主要致力于帮助利益相关者在自然资源、土地使用、水及空气问题上达成一致。他的开场白以他近期帮助忧思科学家联盟举办的研讨会上所得结论开始，并与 2008 年国家研究理事会上的结论相呼应。研讨会上的结论指出两个重要问题，包括是否应该开采页岩气，以及假如开采又该如何开采。他发现，无论是在信息共享还是在决策环节，社区参与都是必要的，但同时要做到真正的社区参与也很困难。该研讨会形成了一些深刻的见解，即地方控制应该占多少比重；除了基本的产权制度，还要有分支制度；观众数量众多而且复杂；对研究机构的信任每况愈下是一个挑战；信息、权利及控制是不对称的。

Field 在四个领域看到了机会，即信息披露、共同事实发现、提高企业利益相关者参与的能力、社区参与。

(1)信息披露。他指出"秘密"加剧恐惧和怀疑，而假如披露与信息同时出现，披露就会更为人所信任。然而，披露也并非万灵药，据 Field 称，在压裂液问题上，人们只信任政府进行的或有第三方旁听的披露。他说 FracFocus 还不具备获得信任所需的全部特质，而且一些学术机构在其研究经费上有些麻烦。

(2)共同事实发现。Field 指出，迄今为止，还没有研究院能符合三重测试的检验，这三重测试是指好的信息必须能突出决定、可信及合法。他指出在其他能源部门有一些好的榜样：如风能开发部门、健康效应研究所(研究空气质量信息)及几家报告水效能的研究基金会。他说，这其中的一些模式可供模仿。

(3)提高企业利益相关者参与的能力。Field 认为这一点很重要，因为政府缺少必需的资源。他又补充说，这种参与应当与公司运作的决策相联系，而且应当奖励有效执行的企业。

(4)社区参与。Field 说，这一点很重要，但也很难做到，部分原因在于价值观的差异及信任的缺乏。Field 引用 2008 年的国家研究理事会报告，并由此提出了一些建议。他说社区咨询小组和联络员、申诉和投诉机制、确定共享准则的宪章，以及一些提供第三方认证和能够吸引公司加入的国际倡导者都有可以借鉴之处。

Field 说，评估社区参与质量很难实现，但是也已经有人做了一些努力，例如，为参与者建立社区记分卡。他总结称，利益相关者的参与是必需的，但只有在有方法可循时才能有效执行。他补充说，人们应该去思考一些方法，使当地页岩气开发的受益者能补偿亏损者，以此来提升整个社会的平衡性。

问题与讨论

1. 开发反对者参与

在回答参与者关于这一点提出的问题时，North 指出在一个民主社会中做决定常常是困难的。虽然他对每个人都能对页岩气开发这样的问题达成一致意见不抱希望，但他也希望研讨会代表能向决策者报告那些强烈反对者的意见。其他参与者也同意意见两级化是个主要挑战。Field 认为，让每个人都同意开采这一目标定得过高，但考虑到有些人在未来可能会带来麻烦，这个目标可以改为让每个人都参与进来并尽可能多地认可页岩气开采。这一具有限制的目标是具有建设性的。Small 补充说，除了在要不要开采的问题需要寻求民众支持，还有一些其他问题如在哪里采、何时开采、开采之前有哪些背景数据需要收集等问题需要寻求达成一致意见。

2. 地方范围的公众参与

一个参与者提问说，要想让政府主动与当地居民共同参与到页岩气风险评估中来，有什么能做的？North 希望研讨会能够使参与者将他们学到的课程带回到他们的社区。Field 说，当地政府代表主要机会，但面临着资源匮乏的挑战：他们往往愿意为诉讼而不是合作去留出金钱。而且，对于当地政府中谁应该是召集者也常常不明确，在当地官员被标榜为支持或反对开采时，可能会有麻烦。

来自案例咨询服务公司的 Perry，提供了几个凭借她在与宾夕法尼亚州社区共事时的经验而得到的评论。她提出程序透明化主要包含将决策组织方之间的讨论内容向大众公开，而这一点远比对化学物质的披露更为关键。她说问题界定应关注地方层面，需要能够起引导作用的页岩气问题方面的专家介入。她同样指出合作和倾听的重要性，包括政府机关、土地拥有者和企业讨论决策的透明化，以及为这些人群彼此倾听寻求条件。North 评论称，处在 Perry 位置的受挫的人正在获得决策者和资源的支持，以便在地方范围内、所需时间内组织参与者。他说要完成这些社区范围内的讨论，需要更进一步的重视。

3. 代表后代关注的内容

在回答一个关于后代关注内容如何结合到公众参与过程中去的问题时，

North 说现在的一代应该重视他们对后代应负的责任,包括在正式的风险评估中的责任。他引用了一个 Arrow 及其同事 2013 年的报告,报告指出由于未来一个多世纪影响的不确定性,应当降低贴现率。North 将此视为是在 20 年前经济分析的巨大进展,因为那时的分析似乎缺乏对 2100 年以后的任何后果的顾虑。Field 补充说一些人在公众参与过程中表现得像后代的代理人。他还指出每一代都在能源选择上有利弊权衡,不管开采还是不开采页岩气对后代都会有影响,参与过程就是需要让人们考虑这些权衡。

4. 补偿亏损者

一名来自纽约的网络直播参与者提问在页岩气开采中是否有补偿亏损者的好例子。Field 说有人在努力发展风能开发社区福利套餐及寻找更好的方式管理利益流。他补充说还有些不可避免的价值问题,例如,工业开发对乡村景观的影响是不能用经济补偿界定的。LaPierre 说,在新不伦瑞克省提出了一个新的体系,其将页岩气开发权限分配到省级政府、地方政府(如公路建设和修复)和土地拥有者。

5. 披露问题

一个参与者提议,披露的问题应不仅限于压裂液:签订租约且居住在社区的人们不应该仅仅从同乡口中得知企业会很快迁入或迁出本地,他们有权对他们选择的结果了解更多。North 同意应当披露可能溢出或泄露的化学物质,同时也应披露其他明显的工业开采的影响。

6. 估算成功率

一个参与者指出了公众参与成功率估算的困难。North 指出,公众参与比较成功的情况往往未能很好地记录下来,因为问题在后来变得不再明显,而且负责人也已经转向参与其他活动。

7. 有前途的方法

North 认为,网络可能会为公众参与提供新的运行机制,他指出网络的应用可能会降低能源的需求量,如差旅费。他还强烈提倡独立外部分析的制度化,这些人可以对页岩气开发可能持续带来的复杂问题发表评论。他说,类似的成功例子是 1989 年核废弃物技术审核委员会的成立，对包含页岩气在内的其他新兴技术也同样适用。他指出需要说服决策者为这样的组织颁发营业执照并承诺为其提供运营所需的重要资源。

（翻译　刘　丹）

第17章 页岩气风险治理的区域性实践

页岩可持续发展中心

匹兹堡，宾夕法尼亚州

Place 作为页岩可持续发展中心(CSSD)现任的临时负责人，他将风险监管形容为行业、慈善事业和环境非政府组织所探索的一项实验性协作，并寻求将其所谓的社会许可证。该项目旨在为运作提出高标准，并远远高于规定所设定的最低标准。创建 CSSD 的人想围绕页岩气开发的两极化做一些工作，并期望以负责的态度进行开发工作。他确保了组织的参与，并公开表示他是受雇于在该地区进行天然气生产的公司之一的 EQT 公司。该中心还雇用了一名永久性的执行董事。Place 解释说这是为了寻求平衡，董事会中在工业领域指定有四个席位，非政府环境组织也有四个，而剩余四个的成员则为"不结盟"方。同时潜在的威胁也会有助于保持平衡，即一方或其他一方有可能会退出组织。

作为 CSSD 的概念性基础，Place 还引用了能源咨询部长委员会、包括页岩气生产委员会(Secretary of Energy Advisory Board and Shale Gas Production Subcommitee, 2011)、美国国家石油委员会(National Research Council, 2011)和国际能源机构(Internationd Energy Agency, 2012)的文献。所有这些都要求有参与、协作、透明度和测定的标准。他说 CSSD 为了获得最佳实践已经做了很多尝试，而不仅仅是对整体布局提出新的见解。

该中心在地理上聚焦于反映页岩气区块的独特性的阿巴拉契亚盆地。Place 认为，参考井网的程度，对于特定的议题标准需要记录下来。CSSD 不是先要求所有的运营商，而是先去接触那些也许会认同某些有用的标准的运营商。随着时间的推移，最初的群体成员之间相互的信任也随之增加了。

该中心已经在两个区块内建立起标准：排放到空气中的气体(包括温室气体)，以及地表水和地下水的风险。尽管其他区块也非常重要，但是中心为了加快进展，在商讨其他议题之前，先在这些区块中建立起了标准。CSSD 专注于认证和验证。Place 说，无论在办公室还是在网站上，认证都需要由一个独立的第三方进行审计。他简短地介绍了中心的地下水保护标准，其中包括套管和水泥标准；废水回收最低标准要求至少 90%；其他一些井垫的设计、操作、监控，所使用液体的披露，泄露响应和公共通知计划的标准。空气排放的标准包括在返排过程中去除碳氢化合物和在存储之前生产水；燃烧至少 98%的破坏效率；以及用于钻机、泵、压缩机、卡车和冷凝罐的发动机排放标准。

Place 认为，CSSD 的基本属性是其合作性质、对成员的义务和其适应性，包括随时间的推移扩大范围，去覆盖整个生命周期的风险。更多有关 CSSD 活动的细节可以在其网站上找到（www.sustainableshale.org.）。

马里兰州的天然气综合开发计划

分别来自马里兰州自然资源部门和环境部门的 Conn 和 Kenney 全面介绍了该州提出的天然气开发计划（CGDP）。Conn 介绍 CSSD 重点关注了井点位置的问题，规模放置多井对景观的累积影响，目的在于可以在钻井许可证发放之前解决这些问题。只有约 1%的 Marcellus 页岩在马里兰州境内，而且这些还都在马里兰州西部的农村地区，这些地区的主要产业是户外休闲和旅游。州长在 2011 年颁布了一项行政命令，即成立一个代表广大利益群体的咨询委员会，并进行了一系列有关天然气开采的短期和长期影响的研究，为决策者提供信息以决定是否继续进行开发。

一项受 CGDP 委托的研究提交了最佳实践的报告，报告中对勘探和生产的各个方面提出了建议。报告评估了其他州的科学文献和实践，并与顾问委员会进行协商咨询后，马里兰州的机构起草了一份包含 CGDP 的报告，以供公众进行审查和评论。报告称由美国土地管理局在科罗拉多州所效仿 CGDP 的操作，便是最重要和最佳的实践。CGDP 的目标在于在有效开发资源的同时，减少对当地社区、生态系统和自然资源的影响。

第二个委托的研究综述了在其他地方的全面发展计划，并解释了全面的环境规划及实现共赢的潜力。为了说明环境规划的必要性，Kenney 展示了一张来自宾夕法尼亚州的地图，在图上展示了如果被许可的设计逐步地修正，环境会变成什么样。第一份给 CGDP 组织的报告呼吁利用多重井垫来限制对地表的影响。

Conn 呼吁，在马里兰州，任何钻井在容许之前都要经过 CGDP 批准；计划覆盖至少 5 年的开发；要确定井垫、管道和道路的位置；钻井要考虑下井点位置的限制和计划中相关规定；避免敏感地区，并减小累积的效应。根据 CGDP，如果位置与 CGDP 所批准的一致，并且井的设计能证明达到或超过监管的标准，井钻探程序才可以通过。而且 CGDP 也正在通过场地出租来解决井位的问题，以利用现存的土地，同时减少对整体的影响，并正在考虑开放受限制的土地，并将其作为优选位置的第一选择。该州正把 CGDP 作为一种"工具箱"来大力发展，公司可以利用其地理数据来制定计划，而且公众也可以使用。

Kenney 的机构的工作就是实现 CGDP，她介绍道，开发人员必须提交计划，并且由环境部门审查确保符合州内的规定及当地的需求，同时还要考虑协调监管审查和替代建议的可能性。她说申请者还被要求发起一个公众参与的程序。他们必须识别参与到这一开放过程中的利益相关者，包括公司、非政府组织、土地所有者和公民，而此过程也将成为理想的专业帮助，同时他们还要考虑可以替代所提交计划的建议。这个过程会尽量在 60 天期限内完成，之后，申请人便可以改变他们的计划。自然资源部门将评估整个流程和计划，并由环境部门决定是否予以批准。计划内的应用必须是程序化的，以便个人操作。这些计划获准期为 10 年，但在简化的审批程序下也有可能发生一些变化。

Kenney 发现了一些人对于马里兰州计划的顾虑，其中一个便是这种方法是否能同时适用于勘探井和生产井。环境部门认为该方法应该都可以适用，因为勘探井经常会成为生产井。另一个是所批准的标准（如避免对环境的不利影响）是否能够得到充分的处理。Conn 描述的其他问题包括计划是否能充分控制累积的影响，以及是否足够严格来有效和灵活地进行实践而非强制地合并。后者在马里兰州是不允许的，由于可能需要承担收购租赁和通行权协议，公司会对由此产生的额外成本表示担忧。Conn 说如果允许进行页岩气开发，当包含 CDGP 的报告完成时，报告内将有一个流程图来指示如何来实现 CDGP。她说有关在马里兰州进展的更多信息可以在环境部门的网站查询到（http://www.mde.state.md.us）（2014 年 7 月）。

自然资源保护委员会 Kate Sinding 的评论

Sinding 是一名高级律师，同时也是自然资源保护委员会的纽约城市项目部的副主任，她致力于努力确保对天然气钻探进行严格的环境管理等事宜。她强调类似 CDGP 的尝试只能是政府监管的一种补充。她认为，在将大量资源投入到自发的过程之前，首先应识别和填补政府监管的空白。尽管许多国家正在规范这个行业的发展，她强调仍有许多空白需要来填补，而资源可能仍然不够。她说，当看到更多同时出现的不同组织和 CSSD 聚在一起时，令人耳目一新，但她的组织已经发现，几乎所有的页岩气公司一直还不愿对统一和更严格的规定做出承诺。可将 CSSD 确定的最佳做法纳入适用于所有公司的规定之中，Sinding 提出测量页岩气区块有利于参与者更好地获得利益。她强调，自愿工作的成功取决于招募更多的行业参与者采用这些最佳实践。

Sinding 说自愿工作的长期成功取决于它会有一定的需要改进的地方，同时不受规则的束缚。因为购买者主要是公用事业公司和大型企业，所以最终消费者无法承受生产企业所带来的后果，除非这些直接客户可以承诺仅从认证的公司来进行购买。她也怀疑"镀锌事件"将会在行业运作产生重大变化的可能性。她认为，在深水地平线石油泄漏事件后，委员会的大部分建议都没有得到执行。她还指出，在这个领域发生灾难性事件的规模比石油钻探或航空业的要小得多，所以可能不会有太大的激励效果。

Sinding 认可 CSSD 所推荐的特定的最佳实践，并对马里兰州 CGDP 操作过程的核心表示赞赏，即有关辅助设备使用和基础设施的累积影响和规划，而这些都没有被纽约州采用。她反对强制合并，她认为尊重产权应被视为经营的一种成本，这种成本是在一个民主社会中经营所必需的，为了限制影响，开发商也许不应该被允许开发这么多页岩。马里兰州计划是否足够严格，还需要在推进过程中进行评估。她最后的评论强调，需要考虑最大规模的累积影响：对气候的影响仍被归咎于化石燃料。她说这次交流并没有开始，可能需要在联邦政府的层面上开始对话。

休斯敦西南能源公司 Mark Boling 的评论

Boling 是一名律师，同时也是西南能源公司开发解决方案的首席主席。他评论道，尽管天然气行业已经在地下开采中高度创新，然而在具体开采气体方面，一直还没有很大的创新和突破。他说，区域性计划已经开始很长一段时间。尽管没有多少石油和天然气公司将土地利用规划作为它们组织运营的一部分，但是他认为，这种创新可以帮助优化基础设施的位置、运输状况和道路损害的地点。他还指出，需要优先解决一些社会问题，例如，那些已经出现在 Bakken 页岩区块的矛盾。他补充说，计划需要被看作是工具而非冗余的规定，它可以减轻政府的预算压力和来自行业的阻力。

Boling 质疑那些拘泥于太多决策的计划，他认为计划应注意灵活地满足所需而做出改变，而非一味地重新启动审批流程。因为某些原因，行业不愿提前致力于一个固定的开发过程。其中一些原因与从最初的钻井经验而了解到的地点有关，另外一些是与行业成本有关，例如，在与所有者协商之前，一份提交给公司用来在一个特定的地点为压缩机站选址的计划。Boling 也指出，运营商之间的协调发展计划虽然是非常规的，但却是值得的，该计划需要在产业运作方式和承包方式上同时进行创新，而目前这种情况一口井只发生一次。

Boling 认为之前提出的计划对供水、运输和处理方式等没有给予足够的重视，而这些方面都与运输状况，以及其他需要在区域或流域的基础上进行规划有关。他也认同 Sinding 的有关 CSSD 是政府监管的补充，不是一个替代的看法，虽然他提出了一个不同的理由：公众认为该行业已经在监管之下。最后，他支持行业和地方官员之间定期召开会议的想法，以便后者了解正在发生的事情。在他看来，当地延期偿付是来自于上级政府的不信任。他因此得出结论说，超越所需造成了行业是在容忍和还是在接受的重大区别。

问题与讨论

1. 国家标准的潜力

一名参与者咨询 Place，哪项标准或是哪类最佳实践可以在区域中运用良好，同时他还提出，过滤再利用返排水的闭环系统、规则和实践是否适用于全国。Place 认为，CSSD 的很多标准确实在全国范围内都可能适用，但这不是重点。例如在人烟稀少的地区或是空气质量已经低于常规监管标准的地区，该标准显得有些另类。即使 CSSD 有国家层面或是全球范围的议题，但还是仅仅在地方层面上去寻求解决问题的方法。

2. 自愿协议和规定之间的关系

报告进一步激发了对该问题的讨论。Conn 说，尽管她的机构支持志愿项目像 CSSD 那样设定一个高标准，但她仍然希望标准编纂成法规。Conn 说，如果自愿标准由国家监管机构评估，并发现其符合甚至超过国家标准，这样的话，遵守这些标准的公司便自动地符合了州的规定。Place 支持这种方法。

他说自愿和监管的行为其实是可以相互了解和相互借鉴，自愿方法的一个好处便是它们可以通过借鉴技术行业拥有的技能引导监管。他说 CSSD 不是反对监管方式。Sinding 同意其他的评论，并表示她并不是有意地淡化自愿方法的价值。她认识到自愿方法可能会比规定更加灵活，但同时也强调，监管制度的重大空白仍然存在并且需要被填补。Small 评论道，遵循已经在环境监管的其他领域被应用过的途径，通过协商的规章制度，自愿标准也许最终会成为规定。

3. 有关 CSSD 成就的讨论

在回答谁将为 CSSD 做审计，以及它们可回访性的问题时，Place 说道，CSSD 正在为地方审计机构，制定认证协议，并将公开这些信息。他说审计工作的可回访正在推进中，但是 CSSD 依然致力于公众的可回访性。未解决的问题还涉及敏感业务信息的揭露。他补充说，根据他的经验，更全面的披露可以大大减少工业和非政府组织对空气和水的质量等问题的纠纷。

另一名参会者问道，CSSD 如何能与行业团体取得双赢，因为如果制定的标准太高，一些公司也许不愿意参与到自愿项目中来。Place 回答道，通过明确聚焦，这些问题已经得到部分解决，并同时澄清该中心仅仅是制定标准而非提出相关法规。他说这些标准是否会导致更严格的监管的疑虑依然存在，同时也引起了一个有关不同群体的"解决问题"优先权的问题，并发现一些中间立场。Place 很欣慰这里有一些共同的价值观，而且在这些价值观下，一些技术上的细节可以做出妥协。

Place 还被问到，钻井和运营商是否需要认证，主要公司是否愿意接受认证。同时还问他是否能预见还有没有其他的性能标准，例如，让社区也参与进来。Place 回答道，认证是为运营商提供的，并且适用于其所有在阿巴拉契亚盆地的非常规操作。所有在计划中的四家公司做出了承诺，并有意向去推动第一轮认证。他称，陆地的影响、安全和社会影响是未来行动的优先领域。

4. 有关马里兰州计划的讨论

一名参与者提问马里兰州的汇报人，他们是否认为可以为潜在的受影响的系统建立损害总额的标准，如溪流的水位线。Conn 回答道，马里兰州标准正试图合并在可能情况下发生伤害的总额，但指出有关某些特定问题是否会交由 CGDP 尚未确定。此外，Conn 还补充了一些有关损害总额的信息，例如，那些对取水量敏感的地区也正在被列入马里兰州标准的工具集内。

（翻译　冯子齐）

第18章　最后议题：治理挑战展望

报告人：Kris J. Nygaard

埃克森美孚生产公司

研讨会结束时，五位与会人员（Boling、Goldstein、Sinding、Christopherson 和 Rabe）受邀分享了各自的观点。

1. Mark Boling，西南能源公司

Boling 将他的观点概括为"谁来监管和如何监管？"他认为，水和空气的排放、水资源的利用和再利用、对地表系统的影响等都需要监管。谁应该进行监管，是一个更难以回答的问题。决定由谁来进行监管取决于谁可以提供最有效的监管风险，而这有赖于五个方面：影响力、风险类型是否相同（州际之间）、风险解决方案是否相同、监管机构是否需要为有效监管了解当地情况及是否存在法律优先问题。另外需要考虑的问题是，在技术变革和监管需求持续改进的情形下，谁占据最有利的监管地位？例如，对于水力压裂流体泄漏问题，Boling 支持发布国际标准，虽然他认为部分产业内监管者可能并不认同这一观点。他预计这一问题可能沿袭化学调控的历史：州标准最终被联邦标准取代。

对于"如何监管"这一问题，Boling 认为，公众可能坚信传统的监管方式，这些方式也是必要的。他指出，社会影响应给予更密切的关注，但这往往成为最容易被忽视的问题。他认为产业应进行全方位创新，为此，他呼吁应重新审视产业内适当的风险缓解策略。他认为智能监管（Boling 将之定义为在经济、社会和环境影响之间进行权衡的风险管理）是必要的，这一监管方案需要在识别风险、评估风险、提出缓解策略、试行策略、将结果转译为可在全产业实施的监管语言等环节寻求合作。他认为这是私人合同生产中的常规做法。当公众成为缔约的另一方时，由于实际风险和感知风险（引导公众舆论和促使公共政策的制定）同等重要，且后者似乎更有利于驱动公众意见和公共政策，这使智能监管变得尤为困难。他提醒道，如果实际风险和感知风险之间存在巨大的信息鸿沟，则无法实施智能监管。而缩小这一信息鸿沟需要协

作和风险沟通。Boling 总结说，只有智能监管才能赢得公众的信任。

2. Bernard Goldstein，美国匹斯堡大学健康与康复学院

Goldstein 首先评论了信任和透明度的问题。最近，他针对那些认为页岩气开发有害的人群展开了一项调查研究，结果发现人们抱怨页岩气开发带来的噪声、气味等类似的事情，但人们提到更多的是信任问题：页岩气开发者向他们撒谎，没有人接听电话等。

Goldstein 的评论主要集中于这一特殊产业的管理难度，挑战之一是不能立即识别出失败的举措，这是由于这些失误与石油泄漏和核电工业灾难相伴而生。很多公众担忧页岩气会给人们带来癌症等潜在危害。此外，管理效果也可能因为使用多种不同媒介监测事故时的困难打折扣。

另一挑战是，伴随工程的外包，参与者呈多样性，这使得难以确定谁对开发生产的影响负责。RFF 研究列出了 264 条风险项目，这与数量庞大的可能负有责任的参与者有关。Goldstein 说，FracTracker 收集的 36 家公司数据，显示了不同公司间违规率的巨大差异，即公司安全文化问题。如果安全文化是一个重要的问题，那么，它会体现在工人的健康差异中，但是这个行业由承包商、分包商和临时工组成的产业结构难以使用这种方式追踪工人健康状况。他说，这些数据和化学物质本身需要更加透明。尽管科罗拉多州和宾夕法尼亚州要求披露水力压裂的化学物质，但宾夕法尼亚州还是豁免了某公司未披露地下返排液的行为。Goldstein 把这看作环境监管向"黑暗往昔"回归。他认为，不告诉公众返排液中含有什么，使该产业看起来不那么透明。

最后，Goldstein 指出，拥有强大安全文化的公司是允许进行监视的。他建议说，正因如此，可用的数据可能会使产业呈现一种不具代表性的过度乐观的景象。Goldstein 认为，这可能需要一种包括大量政府监督在内的更有效的监管方法。

3. Kate Sinding，美国自然资源保护委员会

Sinding 的评论主要集中于两点：一是避免化石燃料的锁定。这应是一个需要进行批判性思考的重要的环境治理问题，但尚未引起州和联邦政府的关注。在她看来，页岩气的开发可能取代或延迟社会向低碳经济转型的过渡期，这一发展前景意味着除加强能源效率和可再生能源方面的政策外，我们应做更多的努力。联邦政府层面和国际层面都需要政府干预。她发现对能源效率和可再生能源征收开采税是一个令人振奋的消息，但这种努力可能还不够。

她认为，如果所有的页岩气都被开发了，而且所有的资金都投入到这一发展所需的基础设施建设中，那么风险将被锁定在一个以化石燃料为主导的能源中长期前景中，这种结果难以让人接受。Sinding 认为，即使天然气是一种相对清洁的燃料，即使可以对排放的甲烷进行捕获，但无法避免对气候的潜在影响做最坏的预测。因此，她并不同意联邦政府提到的将天然气看作解决环境问题的灵丹妙药这一观点。她敦促研讨会参与者，应将之看作一个重要的环境治理问题，必须予以解决。

Sinding 的第二个观点是，本产业应像其他产业(包括清洁能源产业)一样，尊重美国的民主原则。她强调说，本产业并没有像其他产业一样受到监管，它从一些联邦环境法案中具有特殊豁免权、土地征用权，并存在矿产的法律优先地位，强迫联营(forced pooling)、信息的保密性和程序上缺少透明度等方面受益。所有的特殊待遇使石油和天然气产业处于与其他产业不同的竞争环境中。其中一些待遇将可能长期存在或不可能迅速改变，然而政府当局却在不断地变化。这使政府当局不能对发生的问题仅仅采取"说不"的措施。在纽约，页岩气尚未开发，Sinding 认为，政府当局应在问题出现前采取措施。她认为，政府应该在为什么、在哪里、怎样开发页岩气等问题上具有广泛的权威。页岩气的开发不应太违背民主原则。她强调说，正如 Davis 所陈述，这些民主原则可以与发展的愿望共存。最后，Sinding 表示，关于研讨会开幕词的评论反映了相关人员的利益摩擦。

4. Susan Christopherson，美国康奈尔大学

Christopherson 认为，这两个研讨会表明美国国家科学院设立的目的是解决复杂公众政策问题以提高决策的质量和合法性。这两个研讨会是重要的为国家服务的会议。她补充说，研讨会使她的观点在一定程度上发生了转变。研讨会表明从沙采购到全国范围的产品运输和出口作为一个完整的发展循环系统是有必要的。这一考虑暗示，影响范围会远远超过实际开发的地区，而且这是一个全国性的问题，可以通过材料运输、水提取和处理及人口迁移等方式影响到 33 个州。

她认为，也需要用系统的视角来分析事态的发展过程，包括关注极盛而衰的循环和从沃斯堡市土地的使用模式到对公众长期健康影响等所有事务的长期的累积效应。她认为研讨会让她意识到页岩气需要受到地方、州和国家等不同层面的关注，并接受联邦监管：我们需要一个比"综上所述"更加系统化的政策体系。

5. Barry Rabe，美国密歇根大学

Rabe 发表了三个观点：第一个观点关于成本-利益分配。他发现一个有趣的现象，一些前景光明的想法(使用页岩气开发的收入弥补对社区的影响)来自加拿大的新不伦瑞克省及欧洲，而并非美国。他认为，今年美国四个州将从页岩气开发中得到至少数十亿美元的收入，但这些收入将用于美国普通事务。Rabe 认为，赔偿金的转移在改善人类状况、构建政治共识上尚未发挥应有的作用，应引起更多关注。

第二，Rabe 也质疑联邦政府的作用，尤其在与跨境问题有关事务中的作用。他形象地说，只是因为州政府和联邦政府在过去的 25 年里没有批准过任何联邦环境立法，是否就准备不考虑他们的作用是否满足当前的需求？他建议应更多的思考环境污染严重的地区应怎样治理。

第三，Rabe 表达了对研讨会组织者的感谢，感谢他们在保证会议严密性和完整性过程中所做的努力。他认为所有的社会科学都应协力参与解决页岩气发展所带来的问题。然而，相反地，目前很多可用的公开出版物并未经过同行评议，有些作者不能披露利益冲突，从而玷污了部分亟须发展的社会科学研究领域的声誉。他总结说，美国国家科学院应采取更多类似的举措，以积极促进国家的建设性发展。

(翻译　门伟莉)

第19章 最终评论与讨论

研讨会主席 Small 从每一个与会者的角度简要地做了最终评论，基本观点概括如下。

1. 标准与责任

一位与会者请 Boling 评论一下为产业设定标准和最佳实践是否可能为责任诉讼提供标准，进而作为环境治理的一种具体举措。Boling 认为，对于土地所有者而言，如果他们有权对侵犯其权益的公司提出诉讼，是一件令人欣慰的事情。在 Boling 看来，如果产业标准提高了，那么应顺其自然。与其用法律解决纠纷，不如提前避免环境破坏。

2. 科研道德

Konschnik 评论了在这样一个支持绝大多数相关研究的产业内制定科研道德标准的必要性。她呼吁，应提出评价研究质量的量化方法。对此，她提到美国加利福尼亚大学圣地亚哥分校的做法，即将各种来源的资金放入科研经费池，这样研究人员就无法得知经费的具体来源。Rabe 认为，公共卫生和医学领域有诸多对于信息披露和数据归档的规定，这些经验可为本领域所用。他还建议应努力开发一套道德规范。另外，他认为，开采税和其他来源的税收可构成本领域研究的联合投资，并制定研究资助章程。Christopherson 指出，基金会和其他产业外资助者经常参与政策议程，因此，也应将他们纳入到研究道德的讨论中。他指出，产业外资助者可能没有意识到，通过提出中立的研究问题制定的政策可能比产业内资助者按照议程提出的政策更好。

3. 下一步计划

Goldstein 强烈地表达了他的观点：无论两个研讨会和之前美国医学研究会组织的一个相关研讨会的价值如何，都应形成一个广泛的共识框架，为页岩气开发提出建议。研讨会主席总结说，公众可以获得会议议程，会务组将印发研讨会概要，组委会也将出版《环境科学与技术》特刊，该特刊将涵盖本研讨会过程中形成的学术论文。他认为，该次研讨会成功达到了预期目的，即明确了页岩气开发风险监管的机制和知识现状；识别增强风险监管的可能；为与会者提供了一个全新的视角，并帮助他们理解和考虑风险治理的途径。他希望与会者和研讨会产品将帮助传播此次研讨会的成果；也希望一项共识研究能得到恰当的资助，以促进该议题相关研究进一步开展并推进其研究成果得以更加广泛地传播。

（翻译　王立伟）

第20章 页岩气开发风险和风险管理：
问题、挑战与机遇

在这一环节，报告起草人就研讨会中几个宽泛主题组织了相关的讨论。有一个反复出现的主题是，当今页岩气开发进程已经快于对相关风险管理的系统。还有一些与会者同时提出他们所看到的是勘探页岩气的潜在宝贵机遇，以及未来页岩气资源开发中需要考虑的问题。

1. 信任方面的问题

产业和政府的不信任是风险管理的重大挑战。很多公众担心的问题（例如，在回应之前研讨会一中调查问卷提到的，以及报告人及参与者的多次评论中提及的问题）与下列因素有关：贪婪的企业、不完善的制度、不完备的信息、不公平的法律制度和风险分摊，以及公众参与不足等。研讨会的报告人及参与者提出了一些应对信任问题的策略。许多策略涉及预防、透明度、协商等基本原则，就像已经在欧盟实施的那些（参见研讨会二 Bomberg 的报告）。正如之前国家研究理事会（National Research Council，1996，2008）研究所提到的机遇包括：通过独立的第三方机构加强信息公开、监测和风险分析；联合的实情调查活动；采取可信的方法对开发过程中的损失者进行赔偿；以及在立法和行政决定之前组织可提供有意义的双向沟通的公众协商。

2. 政府的风险管理

一些报告人与讨论者认为权力分割是政府风险管理的主要挑战。在美国，一些管理其他工业的联邦法律中并没有对页岩气工业进行规定，这种情形表明风险管理的责任主要是州政府和地方政府。因此，找到一个合适及有效的政府责任的平衡和分配成为主要的挑战。一些研讨会的参与者认为在一些页岩气开发尚未开始的州，具有协商出一个有效平衡的最佳机会。其他一些人认为各种风险（如水、空气质量）的地区特点是地方及州政府面临的主要挑战。地方及州政府的司法管辖区是由政治边界所决定的。正如几个报告及讨论所阐述的那样，一些涌现出来的区域性规划和治理单元及区域中心都尝试着去解决这些问题，并有可能会提供有用的模型及教训。

另一个被反复提到的主要挑战，就是很多州和地方机构有着风险管理的责任，却被认为是由于员工和资金不足，以及预测、监控和控制风险专业技能的匮乏，而致使能力不足导致的。几个与会者认为，政府预算压力的增加、页岩气开采的广泛分散特征，以及对于排放和风险数据的限制加剧了这一挑战。一些研讨会参与者提出了解决州和地方政府层面能力问题的几种可能性，包括使用一些许可费或开采税收来资助和训练州和地方政府的风险治理人员，并找到自愿的合作者（例如，如果获得可靠的设备当地居民能监测排放量）。被提到多次的还有联邦政府可以提供的帮助，包括通过容易获得的形式收集可用的科学知识，训练各州环保部门的员工，协调测量方法，以及提供数据库来确保各州在天然气开发活动、排放、影响、政策和经验教训方面获得统一的数据收集。另一个被多位与会者提到的要点就是在各州资源和政府结构中的异质性对风险管理提出了严峻的挑战。

很多与会者建议政府可以采取行动支持无监管的风险治理。例如，政府可以通过诸如建立公开规定、严格责任制度、更高的担保要求和转移举证责任等方法，要求为行业的经营者提供保险或实施风险管理的责任制度。另外一条建议就是应该更加仔细地考虑基于市场的风险管理方法（涉及开采税和影响费），以及基于空气和水质测量的市场。

3. 非政府机构的风险管理

尤其是在第二次研讨会，几位与会者讨论了通过行业志愿者的自律和加强个体公司的环境保护问题来提高风险管理的潜力。依照几位报告人的观点，这两种原则在很大程度上可以补充政府行为，甚至可以推进政府行为。有一些与会者认为这些自愿的方法在一些企业里已经起到了作用。

根据几位熟悉页岩气工业的与会者的看法，在页岩气工业中，公众对风险的关注越来越引起了一些公司的担忧，因为他们的声誉可能会受到不良行为人员的损害，这样就激励一些集团公司采取独立于政府监管的行动。然而，页岩气工业中普遍有一些小公司，并且承担一些风险活动的服务公司的角色并不十分清晰，因此一些与会者认为有效的志愿行动可能会很困难。同时这些行为可能会面临信任的问题。形成强有力的有组织的环保文化仍然是一个挑战：几位具有专业知识背景的与会者认为，这一环保文化短期不会在页岩气开发公司中广泛形成。

4. 其他挑战与机遇

在许多评论中提出整合公众、私企及非营利组织的管理工作，这既是一个现实的需要，也是一项重大的挑战。在研讨会场有一种观点认为，页岩气开发的全球危机主要是关于化石原料和气候变化带来的影响，这些带来的管理方面的挑战需要各国政府之间的强烈关注。用影响费、开采税或其他关于页岩气开发的税费来处理这些风险，可通过资金监测和制定管理规定，赔偿对当事人的损失，资助低碳能源途径处理风险。有几位与会者认为这种方式是处理之前提到的挑战的主要机遇。据一些研讨会的与会者所言，直到现在，这些税收主要被用于一般的财政收入，而并没有被用于合适的层面或是合理分配来处理风险管理挑战。

5. 研究需求

很多与会者确定了他们认为可以对公众理解、风险管理政策及公众信任做出重要贡献的研究需求。有一些人建议可以尝试在第三方监测和合理数据的收集的基础上来提高对于页岩气开发所造成风险的理解。其他一些人建议可以尝试检验各种数据和信息系统的有效性，检验风险管理政策的作用，检验协同决策方法在控制风险及获得信任的作用。

（翻译　郑军卫）

参 考 文 献

Alvarez R A, Pacala S W, Winebrake J J, Chameides W L, Hamburg S P. 2012. Greater focus needed on methane leakage from natural gas infrastructure. Proceedings of the National Academy of Sciences of the United States of America, 109: 6435-6440.

Arrow K, Cropper M, Gollier C, Groom B, Heal G, Newell R, Nordhaus W, Pindyck R, Pizer W, Portney P, Sterner T, Tol R S J, Weitzman M. 2013. Determining benefits and costs for future generations. Science, 341: 349-350.

Branosky E, Stevens A, Forbes S. 2012. Defining the Shale Gas Life Cycle: A Framework for Identifying and Mitigating Environmental Impacts. Washington D C: World Resources Institute. Available: http: //programme. worldwaterweek. org/sites/ default/files/defining_shale_gas_life_cycle_1. pdf [June 2014].

City of Fort Worth. 2011. Natural gas air quality study (final report). Prepared by Eastern Research Group. Available: http: //fortworthtexas. gov/gaswells/default. aspx?id=87074 [June 2014].

Duggan-Haas D, Ross R M, Allmon W D. 2013. The science beneath the surface: A very short guide to the Marcellus shale. PRI Special Publication No. 43 Ithaca N Y: Paleontological Research Institution.

Edelstein M R. 1988. Contaminated Communities: The Social-Psychological Impacts of Residential Toxic Exposure. London: Westview Press.

Ferrar K, Kriesky J, Christen C, Marshall L, Malone S, Sharma R, Michanowicz D, Goldstein B. 2013. Assessment and longitudinal analysis of health impacts and stressors perceived to result from unconventional shale gas development in the Marcellus Shale region. International Journal of Occupational and Environmental Health, 19(2): 104-112

Fisher M K, Warpinski N R. 2012. Hydraulic fracture-height growth: Real data. SPE Paper No. 145949, Richardson T X: Society of Petroleum Engineers.

Fischhoff B, Slovic P, Lichtenstein S, Read S, Combs B. 1978. How safe is safe enough. A psychometric study of attitudes toward technological risks and benefits. Policy Sciences, 9: 127-152.

Freudenburg W R, Jones T R. 1991. Attitudes and stress in the presence of technological risk: A test of the Supreme Court hypothesis. Social Forces, 69: 1143-1168.

Freudenburg W R, Wilson L J. 2002. Mining the data: Analyzing the economic implications of mining for nonmetropolitan regions. Sociological Inquiry, 72: 549-557.

Glaser B G, Strauss A L. 1967. The discovery of grounded theory: Strategies for qualitative research. Piscataway, NJ: Transaction.

Harrison S S. 1985. Contamination of aquifers by over pressuring the annulus of oil and gas wells. Ground Water, 23(3): 317-324.

Howarth R W, Santoro R, Ingraffea A. 2011. Methane and the green house-gas footprint of natural gas from shale formations. Climatic Change, 106: 679-690.

IHS Global Insight. 2011. The economic and employment contributions of shale gas in the United States. Washington: Author. Available: http: //anga. us/media/content/F7D1750E-9C1E-E786-674372E5D5E98A40/ files/shale-gas-economic-impact-dec-2011. pdf [June2014].

International Energy Agency. 2012. Golden rules for a golden age of gas. Paris: Author.

Jacquet J B. 2012. Landowner attitudes toward natural gas and wind farm development in northern Pennsylvania. Energy Policy, 50: 677-688.

Kasperson R E, Renn O, Slovic P, Brown H S, Goble R, Kasperson J X, Ratick S. 1988. The social amplification of risk: A conceptual framework. Risk Analysis, 8: 177-187.

Kell S. 2011. State oil and gas agency groundwater investigations and their role in advancing regulatory reforms, a two-state review: Ohio and Texas. Oklahoma: Ground Water Protection Council. Available: http: //fracfocus. org/sites/default/ files/publications/state_oil_gas_agency_groundwater_investigations_optimized. pdf [June 2014].

King G E. 2012. Hydraulic Fracturing 101: What Every Representative, Environmentalist, Regulator, Reporter, Investor, University Researcher, Neighbor, and Engineer Should Know about Estimating Frac Risk and Improving Frac Performance in Unconventional Gas and Oil Wells. SPE Paper No. 152596. Oklahoma: Society of Petroleum Engineers.

Knick S T, Hanser S E, Preston K L. 2013. Modeling ecological minimum requirements for distribution of greater sage-grouse leks: Implications for population connectivity across their western range. Ecology and Evolution, 3: 1539-1551.

Lutz B D, Lewis A N, Doyle M W. 2013. Generation, transport, and disposal of waste water associated with Marcellus Shale gas development. Water Resources Research, 49: 647-656.

McKenzie L M, Witter R Z, Newman L S, Adgate J L. 2012. Human health risk assessment of air emissions from development of unconventional natural gas resources. Science of the Total Environment, 424: 79-87.

Molofsky L J, Connor J A, Wylie A S, Wagner T, Farhat S K. 2013. Evaluation of methane sources in groundwater in northeastern Pennsylvania. Groundwater, 51: 333-349.

Myers T. 2012. Potential contaminant pathways from hydraulically fractured shale to aquifers. Ground Water, 50: 872-882.

National Petroleum Council. 2011. Prudent development: realizing the potential of north America's abund and natural gas and oil resources. Washington D C: Author. Available: http: //www. npc. org/ [June 2014].

National Research Council. 1983. Risk Assessment in the Federal Government. Committee on the Institutional Means for Assessment of Risks to Public Health. Commission on Life Sciences. Washington D C: National Academy Press.

National Research Council. 1996. Understanding risk: Informing decisions in a democratic society. Committee on Risk Characterization. P C Stern and H V Fineberg. Commission on Behavioral and Social Sciences and Education. Washington D C: National Academy Press.

National Research Council. 2008. Public participation in environmental assessment and decision making. Panel on Public Participation in Environmental Assessment and Decision Making. T Dietz and P C Stern. Committee on the Human Dimensions of Global Change, Division of Behavioral and Social Sciences and Education. Washington D C: The National Academies Press.

National Research Council. 2013. Induced Seismicity Potential in Energy Technologies. Committee on Induced Seismicity Potential in Energy Technologies. Committee on Earth Resources, Committee on Geological and Geotechnical Engineering, Committee on Seismology and Geodynamics, Board on Earth Sciences and Resources, Division on Earth and Life Studies. Washington D C: The National Academies Press.

Nicot J P, Scanlon B R. 2012. Water use for shale-gas production in Texas, U. S. Environmental Science and Technology, 46: 3580-3586.

Northrup J M, Wittemyer G. 2013. Characterising the impacts of emerging energy development on wildlife, with an eye towards mitigation. Ecology Letters, 16: 112-125.

Olmstead S M, Muehlenbachs L A, Shih J S, Chu Z, Krupnick A J. 2013. Shale gas development impacts on surface water quality in Pennsylvania. Proceedings of the National Academy of Sciences of the United States of America, 110: 4962-4967.

Osborn S G, Vengosh A, Warner N R, Jackson R B. 2011. Methane contamination of drinking water accompanying gas-well drilling and hydraulic fracturing. Proceedings of the National Academy of Sciences of the United States of America, 108: 8172-8176.

Ostrom E. 2010. Polycentric systems for coping with collective action and global environmental change. Global Environmental Change, 20: 550-557.

Papoulias D M, Velasco A L. 2013. Histopathological analysis of fish from Acorn Fork Creek, Kentucky, exposed to hydraulic fracturing fluid releases. Southeastern Naturalist, 12: 92-111.

Perry S L. 2013. Using ethnography to monitor the community health implications of onshore unconventional oil and gas developments: Examples from Pennsylvania's Marcellus shale. New Solutions, 23(1): 33-53.

Phillips N G, Ackley R, Crosson E R, Down A, Hutyra L R, Brondfield M, Karr J D, Zhao K, Jackson R B. 2013. Mapping urban pipeline leaks: Methane leaks across Boston. Environmental Pollution, 173: 1-4.

Potoski M, Prakash A. 2013. Green clubs: Collective action and voluntary environmental programs. Annual Review of Political Science, 16: 399-419.

Sawyer H, Nielson R M, Likndzey F, McDonald L L. 2006. Winter habitat selection of mule deer before and during development of a natural gas field. Journal of Wildlife Management, 70: 396-403.

Secretary of Energy Advisory Board, Shale Gas Production Subcommittee. 2011. Second Ninety Day Report. Washington D C: U. S. Department of Energy. Available: http: //www. shalegas. energy. gov/resources/111811_final_report. pdf [April 2014].

Shavell S. 1984. A model of the optimal use of liability and safety regulation. Rand Journal of Economics, 15: 271-280.

Slovic P. 1987. Perception of risk. Science, 236: 280-285.

Steinzor N, Subra W, Sumi L. 2013. Investigating links between shale gas development and health impacts through a community survey project in Pennsylvania. New Solutions, 23(1): 55-83.

U. S. Environmental Protection Agency. 2013. Inventory of U. S. Greenhouse Gas Emissions and Sinks: 1990-2011. EPA 430-R-13-001. Washington D C: Author. Available: http: //www. epa. gov/climatechange/ghgemissions/ usinventoryreport/ archive. html[June 2014].

Warner N R, Kresse T M, Hays P D, Down A, Karr J D, Jackson R B, Vengosh A. 2013. Geochemical and isotopic variations in shallow groundwater in areas of Fayetteville Shale development, north central Arkansas. Applied Geochemistry, 35: 207-220.

Weber C L, Clavin C. 2012. Life cycle carbon foot print of shale gas: Review of evidence and implications. Environmental Science & Technology, 46: 5688-5695.

Weisz R. 1979. Stress and mental health in a boom town. University of Wyoming Publications, 43: 31-47.

Zielinska B, Fujita E, Campbell D. 2011. Monitoring of emissions from barnett shale natural gas production facilities for population exposure assessment. A Final Report to the Mickey Leland National Urban Air Toxics Research Center. NUATRC Research Report No. 19. Houston: National Urban Air Toxics Research Center. Available: https: //sph. uth. tmc. edu/mleland/ attachments/DRI-Barnett%20Report%2019%20Final. pdf [June2014].

Zoback M D, Arent D J. 2013. Shale gas: Development opportunities and challenges. The Bridge, 44 (1): 16-23.